超市经营实战全程培训

超市商品管理

CHAOSHI
SHANGPIN GUANLI

赵盛斌 / 编著

经济管理出版社
ECONOMY & MANAGEMENT PUBLISHING HOUSE

图书在版编目（CIP）数据

超市商品管理/赵盛斌编著 . —北京：经济管理出版社，2014. 10
ISBN 978 - 7 - 5096 - 3155 - 3

Ⅰ. ①超…　Ⅱ. ①赵…　Ⅲ. ①超市—商品管理　Ⅳ. ①F717. 6

中国版本图书馆 CIP 数据核字(2014)第 112177 号

组稿编辑：何　蒂
责任编辑：杜　菲
责任印制：司东翔
责任校对：赵天宇

出版发行：经济管理出版社
　　　　　（北京市海淀区北蜂窝 8 号中雅大厦 A 座 11 层　100038）
网　　　址：www. E－mp. com. cn
电　　　话：(010) 51915602
印　　　刷：北京晨旭印刷厂
经　　　销：新华书店
开　　　本：720mm×1000mm/16
印　　　张：13. 25
字　　　数：247 千字
版　　　次：2014 年 10 月第 1 版　2014 年 10 月第 1 次印刷
书　　　号：ISBN 978 - 7 - 5096 - 3155 - 3
定　　　价：39. 80 元

总　序

中国古代圣贤老子在《道德经》中说："以正治国，以奇用兵，以无事取天下。"意思是说：用光明正道治理国家，用奇妙的计谋领兵作战，用清静无为去争取天下。

治理国家尚且如此，治理一个企业也是同样的道理。俗话说：上行下效。就是说做领导、做上级的如何处理事物、如何为人，都是在为下属和下级做示范。要想把一个企业管理好，那领导就应当以身作则，用光明正确的方法来管理，才能起到表率的作用，才能受人尊敬而令行禁止，无往而不利！

老子就是告诉我们作为一个领导者应该怎样去管理自己的下属和员工，才能使企业更昌盛，使人们都能安居乐业。一个超市的治理涉及方方面面，如何稳健地运行，是每个超市从业者都关心的。

多年以前，笔者一直有个愿望，运用老子的治国理念，治理超市企业。提出按照系统工程的主导思想，以理论为基础、以实操为主线、以模块化为思路的观点，系统地编著一套超市管理的系列丛书，奉献给读者，由于各种原因一直未能如愿。如今经过笔者的努力，终于完成了这套丛书，得以和读者见面，甚感欣慰。

《超市经营管理丛书》包括：《超市店长管理》、《超市员工管理》、《超市商品管理》、《超市生鲜商品管理》、《超市防损管理》五册。

本套丛书的内容全面、丰富、翔实。每本书既自成体系，各书之间又相互关联成为有机的整体；既有国外超市先进的经营理念和方法，也有国内超市成功的经验和事例；既有介绍超市的各个部门功能，也有各个岗位的职能介绍；既有超市的各个区域之间的关联，也有各个岗位的工作流程、操作方法的具体实例等。

本套丛书在编写的过程中，避免了烦琐和空洞的说教，重在实用，多次修改调整，力求展现给读者简单、实用、创新的内容。更重要的是通过本套丛书介绍给读者理念、方法，而不是告诉读者简单的模仿制度和流程，正如老子所说："授人以鱼不如授人以渔。"笔者虽不能解决读者的所有问题，但希望能起到抛砖引玉的作用，确实对读者能够有所启发和帮助。

本套丛书的编著，也是笔者的一个大胆的创新，第一次全面、系统地按照专业模块的思路编著，这样做有利于引导我国超市的发展经营走专业化的道路，促进我国超市走向良性、健康的发展，提升超市的经营管理水平。也确实希望对于推动我国超市的发展做出自己的微薄贡献。

本套丛书不仅适合超市从业者个人学习使用，也适合作为企业的培训教材或大专院校相关专业的学习参考资料。

由于笔者的水平有限，书中难免有错误，在此恳请广大读者予以批评指正。

2014 年 2 月于深圳

目　　录

第一章　超市商圈与商品定位

第一节　超市商圈调查、选址

一、商圈调查

开设一家超市，首先想到的就是在哪里开店，如何确定超市的位置，地点是否理想，以什么原则来确定等，而首要的问题就是开展商圈调查。

（一）好位置的基本条件

1. 了解优良地理位置的三个基本条件是否具备

（1）开店 10 年以上持续经营能力如何？是否具有前瞻性、可持续经营 10 年以上。

（2）足够的集客能力。

（3）进出容易的超市腹地（卖场有停车场）。

2. 确定地段条件的三要素是否具备

（1）户数、人口数的支持——至少一家店的人口数。

（2）道路、交通工具——可抵达店铺购物的途径。

（3）卖场面积大小——吸引顾客的能力。

然后估算营业额是否准确度高、误差小。

3. 确定经营计划拟定的依据

卖场的投资多少，会影响损益平衡点、营业额及回收年限。同一立地条件也会因不同的投资策略，影响日后的经营成本，故需有立地调查结论，而后再有经营计划，并以此为开店的根据。

例如：某外资超市选址要求如下：

该超市，95%以上的商品都是本地化采购，在中国每开一家新店都严格按照其选址要求进行。

该超市的顾客群：60%的顾客是34岁以下，70%是女性，54%是已婚等。

该超市的主要理念：低价、一次购足、免费停车、高周转、新鲜程度、品质现代化的商店就是：卫生、舒适、店内通道进出方便、国际标准。

该超市在选址方面有以下要求：

（1）地理位置要求。

1）交通方便（私家车、公交车；地铁、轻轨）。

2）人口密度相对集中。

3）两条马路交叉口，其一为主干道。

4）具备相当面积的停车场。

（2）建筑物要求。

1）建筑占地面积15000平方米以上。

2）最多不超过两层。

3）总建筑面积2万~4万平方米。

4）转租租户由该超市负责管理。

5）建筑物长宽比例10:7或10:6。

（3）停车场要求。至少600个（一线城市）机动车停车位，非机动车停车场地2000平方米以上，免费提供该超市及顾客使用。

（4）该超市对工程建设比较严格的要求、较低的租金、长期的租赁合同（一般是20~30年）。

（二）商圈环境分析

商圈环境分析，是了解商圈范围内有多少人口和多大的客流量，以确定其发展的前景如何。一个超级市场的生存和发展，依赖商圈内有供其吸收的充足购买力。若没有理想的购买力，超级市场就不会兴旺。

在开设一家超级市场时，必须深入地进行商圈潜力情况调查，通过周密的调查去深刻地理解超市所处的市场环境。研究面对的消费者，才能正确地确定自己的市场定位、规模与经营的策略，也才能在激烈的竞争中立于优势地位。

1. 商圈人口调查

划定商圈后，首先要调查商圈人口总量。一般可通过户籍管理部门或社区工作站得到较准确的数字。调查中一般包括：人口数量、户数、平均每户人口数等基本情况，必要时可分为两级商圈。

超级市场的商圈范围标准是步行或骑车 5~10 分钟的距离。在商圈人口调查过程中，要注意两点。

（1）空间障碍因素。如河流、沟渠会阻止部分顾客，所以要将这部分人口剔除。

（2）竞争店因素。应将竞争店附近的人口剔除，如竞争店很小或没有竞争力则可不剔除。

在商圈人口调查过程中，要注意分析有没有人口增加的潜在趋势。在一个人口逐渐增加的新区开店较易成功，在一个人口逐渐减少的老区开店较易失败。

2. 商圈客流量调查

除固定商圈内的居民以外，流动的消费者也是超市重要的客户来源。如果所选择的店址交通便利、人员来往频繁，无疑会给超市带来可观的经济收益。所以，搞好商圈客流调查，也事关超市的实际利益，此工作同样不容忽视。

例如：某超市连锁店的商圈调查情况。

某超市是一家开店较早、有一定经营规模的超市连锁企业，每开一家新店前照例要进行详细的商圈调查活动，主要包括：

（1）从早晨 6 点起到晚上 10 点止在欲开店的地区数人数车，选择一天中的不同时段，来测定客流量，这样的工作持续 3~5 天，从而掌握了大量的第一手客流量的资料。

（2）进行商圈入户调查。在商圈范围内选 60 户人家进行入户访问，通过询问"我们要在这儿开新店，您愿意我们卖点儿什么？""希望我们几点开门，几点关门？""平时在哪儿买日常生活用品等？""平均几天买一次东西？"等等，充分了解商圈内的各种经营信息，以确保新店开一家成功一家，开一家盈利一家。

（三）商圈数据调查要求

如何使一家连锁超市生意兴隆，是许多经营者的期盼。而在讨论众多的投资因素时（销售预计多少，商品结构的定位是否合理、需要用多少人员、设备，装修需多少资金，投资回报率好不好等），需先找到一个良好的开店地址。因为连锁超市经营得成功与否，与选店址的适当与否具有相当大的关系。有句话说得好"开店的地址若选得得当，则连锁超市经营已经成功了一半"。而选址前的各类数据调查则是选址的先决条件之一，而且只有用数据来说话才是最有说服力的。

商圈是连锁超市选址位置的"腹地"。然而连锁超市商圈的设定会因沿海城市、内陆城市而有所不同，会因省级市、地级市、县级市而有所不同，会因市区、郊区而有所不同，会因商业区、住宅区而有所不同，会因小型、中型、大型连锁超市而有所不同。

商圈的衡量是一项非常艰难的工作，目前国内城市建设都在调整改造中，已很难划分出商业区和住宅区。在这种情况下，商圈的确定的确不容易，所以在选址时除了获得商圈数据外更应采集各种状况下的市场调查数据。

市场调查数据采集主要是为了能够做出正确的"经营理念"并建立在适当的"顾客定位"之上，使超市经营上有特色、树形象。市场调查的相关数据主要是居住者、交通、吸引力等。

1. 居住者

人口自然增减率、地域内人口数、文化、体育、娱乐设施状况、地域发展状况、住宅分布位置、购物动向。

2. 交通

交通状况、道路交会状况、街道分布、道路宽度、自行车普及率、私家车普及率。

3. 吸引力

商圈内覆盖的区域大小、商圈内人口数、户口数、流动人口数，其他商业的规模及特征，其他业态的规模及特征，商业间的竞争关系、工矿、企业的分布数。对选址问题应运用市场调查数据分析、比较，以提供经营方针的参考，并作为经营目标上的决策。

4. 竞争店情况

在完成上述三项调查后，还须做一项很重要的调查，即"竞争店的数据调查"，因其关系到开店的设备、设施的配置及营运政策，调查范围包括：零售店分布状况，零售店的规模、开店年数、零售店卖场面积、收银机台数、商品结构、来客数、客单价。

总而言之，收集各种数据是开店前的准备，更为了选址尽可能正确和开店后的经营效益的实现。

超市发展，运用数据作为依据选择店址，运用商圈市场调查和竞争店的调查的数据来确定是否开设新店的可行性，防止没有效益的规模扩大是非常必要的。

二、调查的基本种类

（一）预备调查

虽然地段调查作业非常重要：但它本身并不会产生任何效果，所以初期应先从地图或政府公布的资料中加以筛选，此过程称为预备调查。

1. 预备调查时资料的收集

（1）某预定地区的人口数，住户数资料。

（2）都市计划、都市建设指定用图。

（3）竞争店分布图。

（4）竞争店或未来大型店的预定计划。

（5）竞争店占销售实绩。

人口数、户数应与行政区划状况配合，但同时应预测3~5年后的人口变化。

都市计划交通建设图是预测将来环境变化的主要资料。特别是人口增加快速的都市市郊、新兴住宅、大型社区等，可以说是超市业者的最大目标。

2. 竞争店分布状况

这可从零售业协会（或者超市协会）取得也可采取实地调查的方法，了解本地或相邻区域是不是有竞争店。然后再将上述资料做成竞争店分布图，方法如下：

（1）以1/10000比例地图，标记人口数、户数。

（2）以预定位置为中心，半径500米、1060米，若是大型店也可以2000米、3000米为半径画圆，并在圆圈内把调查过的竞争店予以标示，并标出面积。

3. 确定将来环境变化因素

尤其应注意下列几点，因为这些因素会造成销售占有率的成长、衰退或障碍：

（1）人口数、户数是否有大幅度变化的可能性。如空地的延伸、大量住宅的兴建等，若属新近完成的住宅区，应了解何时搬入住户、住满。

（2）交通建设体系是否有大幅度变化的可能。如快递系统的通过、巷道的打通、道路拓宽、河道上搭桥等。

（3）竞争店特别是比本店大 2 倍以上的大型店，是否在重要地点有设立的可能。

进行上述调查了解时，应掌握详尽和准确资料，加以整理，更重要的是要了解这些变化是何时结束、影响多长时间，最后再根据这些资料，决定提前或延后开店时间。

4. 现地调查

现地调查作业相当困难，可先假定商圈范围，在范围内收集所需资料。大致可分为以下三点：

（1）交通道路网确认。对于某地区人们日常道路交通做流量调查。

（2）竞争店调查确认。对某地区内超市店数多少予以了解，明确本店可达到多少市场占有率，有什么样的销售效果。

（3）消费者调查。该调查是所有调查中最耗费时间、资金的工作，执行起来也最困难，并易被一般人所疏忽。但是这项调查绝对不能省略，因为可从中获得许多消费者情报，而且店铺差别化的启示也来自于此项调查。

（二）商圈的分析

商圈分析的内容主要由以下部分组成：

1. 人口规模及特征

（1）人口总量和密度。

（2）年龄分布。

（3）平均教育水平。

（4）拥有住房的居民百分比。

（5）总的可支配收入。

（6）人均可支配收入。

（7）职业分布。

（8）人口变化趋势，以及到城市购买商品的邻近农村地区顾客数量和收入水平。

2. 劳动力保障

（1）管理层的学历与薪资水平。

（2）管理培训人员的学历与薪资水平。

（3）普通员工的学历与薪资水平。

3. 供货来源

（1）运输成本。

（2）运输与供货时间。

（3）制造商和批发商数目。

（4）可获得性与可靠性。

4. 促销

（1）媒体的可获得性与传达频率。

（2）成本与经费情况。

5. 经济情况

（1）主导产业。

（2）多元化程度。

（3）项目增长。

（4）免除经济和季节性波动的自由度。

6. 竞争情况

（1）现行竞争者的商业经营形式、位置、数量、规模、营业额、营业方针、经营风格、经营商品、服务对象。

（2）所有竞争者的优势与弱点分析。

（3）竞争的短期与长期变动。

（4）饱和程度。

7. 商店区位的可获得性

（1）区位的类型与数目。

（2）交通运输便利情况、车站的性质。

（3）交通连接状况、搬运状况，上下车旅客的数量和质量。

（4）自建与租赁店铺的机会大小。

（5）城市规划。

（6）规定开店的主要区域以及哪些区域应避免开店。

（7）成本。

8. 法规

（1）税收。

（2）执照。

（3）营业限制。

（4）最低工资法。

（5）规划限制。

9. 其他

（1）租金。

（2）投资的最高金额。

（3）必要的停车条件。

三、调查分析方法

通常，调查分析方法有：①现场监测记录；②街头拦截式、面对面访问顾客；③主要商业人士深度访谈（定性研究）；④顾客抽样调查方式。随机间隔抽样（有效样本）。

具体到超市开店可参照如下表格。

（一）潜在顾客背景资料

表 1-1　潜在顾客背景资料

调查项目	细项	比例
性别	男	
	女	
年龄	18 岁以下	
	18～25 岁	
	26～35 岁	
	36～45 岁	
	46 岁以上	
职业	国企、事业单位，公务员	
	三资企业职员	
	管理人员	
	个体户	
	学生	
	无固定职业	
	其他	
教育程度	初中	
	高中	
	大专	
	本科	
	硕士以上	

续表

调查项目	细项	比例
收入	1000～2000 元	
	2001～3000 元	
	3001～4000 元	
	4001～6000 元	
	6001～8000 元	
	8001 元以上	
来本地工作时间	半年以下	
	1～2 年	
	2～4 年	
	4～6 年	
	6 年以上	

（二）商圈评估

表 1-2　商圈评估表

商圈概况	项目	细项	具体调查
核心商圈 （1000 米内）	人口	数量	
		职业构成	
		收入情况	
		习惯	
	交通	到达时间	
		是否方便	
	竞争状况	同类商场	
		小型商店	
	工作人口	公司数量	
		人口数量	
		收入	
	未来发展	房地产	
		交通	

续表

商圈概况	项目	细项	具体调查
次级商圈 （1000～3000 米）	人口	数量	
		习惯	
	交通	时间	
	商业分布	同类商场	
		小型商场	
	未来发展	新开商场	
		房地产	
边缘商圈 （3000 米以上）	人口	数量	
		习惯	
	交通	时间	
	商业分布	同类商场	
		小型商场	
	未来发展	新开商场	
		房地产	

（三）顾客来源列表

表 1-3   顾客来源列表

居住地	数量	百分比	居住地	数量	百分比
A 片区					
B 片区					
C 片区					
D 片区					
E 片区					
F 片区					
G 片区					
H 片区					
I 片区					

（四）店址评估

表 1－4 店址评估表

范围	评估项目	数据
周边	面积	
	地面	
	店门是否易见	
	店牌位	
	过街是否便利	
	休息处	
	公共电话	
	停车是否方便	
内部	面积	
	楼层结构	
	与业主关系	
	电设施	
	水设施	
社区	街道	
	派出所	
	其他政府部门	
	街坊	

（五）顾客需求列表（依中分类）

表 1－5 顾客需求列表

顾客层面	分类需求	单品或品牌需求	说明
男	食品	知名品牌	
	家庭用品		
女	实用型	实用	
	特价商品	便宜	
18 岁以下	学生用品	知名品牌	
	服装和运动装	流行商品	
	体育用品		
	休闲食品		
	新商品		

续表

顾客层面	分类需求	单品或品牌需求	说明
18~25岁	学习用品	新潮商品	
	问题用品	品牌商品	
	商务用品		
26~40岁	实用型家庭用品		
	质量食品		
	新型商品		
41~55岁	实用型家庭用品		
56岁以上	便宜商品		
	耐用		
	传统		
政府公务员、事业单位人员			
国企单位员工			
三资企业员工			
管理人员			
生意人			
个体			
学生/无职业者			
初中或以下			
高中及中专			
大专和本科			
硕士以上			

（六）商场模式选择

商场模式选择可以根据目标顾客进行：

核心商圈顾客（10万人口规模）的衣食住行80%的基本需要大型或者超大型自选超市；吸引次级商圈（5万人口以上规模）50%顾客需求大型或者中型超市，同时在边缘商圈吸引10%的顾客需求以建立良好的口碑。

大、中型自选超市的商品应该是：消费频率高的商品、基本食品、休闲食品、洗涤用品、个人护理用品、家居用品。

自选超市货架、陈列柜，占90%；精品柜台，占10%；还包括隔离生鲜加工区，同时玻璃封闭等。

第二节　超市商品定位

一、商品政策定位

（一）商品策略

（1）一站购足，以较宽的商品种类将商品拉至更广。

（2）较窄的价格，选用消费者需求的明确的价格重心。

（3）较深的单品。

（4）培养第二、第三品牌。

（5）销售回转最快及毛利最低的商品。

（6）多买多省的概念。

（7）慎选商品的种类，遵守商品组织表。

（8）取得最佳采购条件。

（9）加速商品流通，建立长期稳定的供货渠道。

（二）商品类群政策

1. 商品类群政策

满足顾客需求与创造来客数的持续性有效的重要基本因素之一，是通路销售给顾客的商品组合，统称为商品类群，而整体商品类群，又是由每一个商品小分类、中分类、大分类架构而成，进而创造出一个商品供给面的组合供顾客检视，也创造出通路养分的来源——毛利与毛利结构。

2. 有好的商品组合架构，价格才有意义

整体组合的供给面吸引力又往往可持续性地补足价格与促销的疲乏性。

3. 好的商品类群组成有八大要素

（1）符合目标顾客层，具完整、各个位阶的代表性品牌与价格带组合。

（2）分类完全、完整的整体性品项供给。

（3）具业绩力、毛利力的高回转商品组合。

（4）满足"目标顾客"完整族群性的商品组合或满足"大众顾客"、具选择性满足感的商品组合。

（5）具备以产品本身品质导向、价值导向的 OEM 商品（贴牌生产产品），销售通路与自由品牌商品或价值品牌商品的产品组合，可创造业绩，通路相对竞争的商品差异性与强势价格操作性。

（6）随时除旧换新，能跟随或主导市场的变化与消费者需求的变化。

（7）完善的卖场陈列"妥适性"商品包装，能充分符合卖场管理原则与顾客购物的便利性。

（8）具备坚强的售价与进价竞争力。

二、限制并慎选商品品种

1. 集中于顾客和主要需求（小分类）

（1）主要需求。超市无法 100% 满足顾客的需求。因此必须对商品进行选择，主要需求＝小分类。如米、油等。

（2）集中小分类。意思是超市需深入分析及了解顾客的需求（参照商品组织表）。

2. 目标放在高回转的单品（在小分类内）

（1）高度回转。意思是超市可以取得营业额。

1）高度回转＝售销量/单品总数。

2）重点＝高销售量商品。

（2）为什么要高度回转。因为超市不希望商品库存太久，这会影响财务收益。可提高的现金回转率。

（3）高销售数量＝超市给顾客的满意程度。

1）更多的量感＝更好的条件。

2）高度回转＝更新鲜。

3. 遵守共同的商品组织

假如共同商品组织表中某小分类中品种数为 9，超市必须要遵守这个组织表，当超市增加一种商品时，则取消一种商品。

4. 确实遵守商品共同分类原则

（1）共同商品。共同商品的决定是由各门店及采购部共同决定的。

（2）共同商品在小分类中是高度回转的产品。

（3）共同商品每年会修正 3 次。

5. 了解市场的商品信息变化

依照从顾客、员工、厂商、竞争者处获得的信息来调整分类并反映市场的趋势。

（1）共同商品组织表。是依照市场趋势每年修正一次。超市必须注意市场的变化，经常了解顾客的需要。如新产品、新需求等。

（2）倾听。超市要去了解外面的信息，然后反映到超市，通过管理阶层来做决定。也要学习如何去分析、管理新的产品。

第三节　超市卖场的布局

一、卖场规划与通道设计

（一）卖场的配置

卖场是一个以消费者为主角的舞台，它应该是怎样的一个舞台才能使消费者舒适的购物，能对消费者产生很大的魅力，使他们成为回头客，从而使超市的经济效益不断提升呢？这需要首先对消费者的心理有一个明确的了解。

日本的专家曾经就这个问题做过一个调查，调查选在一个有5.2万人的商圈内进行，共发出了2000张问卷，在回收的1600张有效问卷中，所得出的结果一般都以为商品价格可能占极高的比率，但结果并非如此，如图1-1所示。

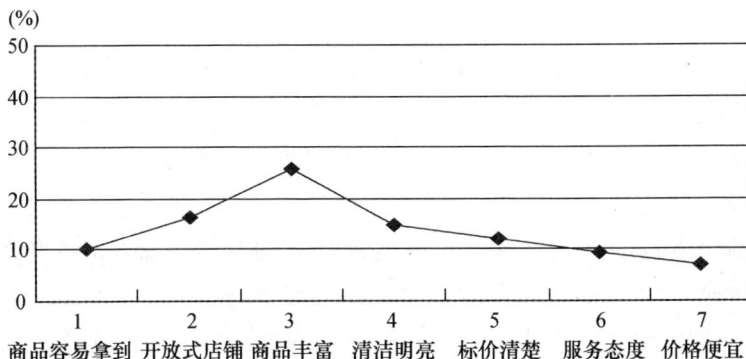

图1-1　日本的卖场配置问卷调查结果

（二）卖场规划原则

1. 让消费者容易进入

一个卖场，虽然商品丰富、价格便宜、服务亲切，但如果顾客不愿进来或不知道如何进来，那一切都是徒劳的。所以，如何让消费者很容易进来是一切的根本。只有注重人气的提高，让顾客愿意进来，超市才有做生意的机会。

2. 让顾客停留得更久

消费者买特定的某些商品而到超级市场去的大约只占6%，绝大部分是属于冲动性的购物，即消费者本来不想购买这样的商品，却在闲逛中受商品的内容、促销员的推销，包括或正在举办特卖活动等因素的影响而购买，所以消费者在超市中停留的时间越久，购买的可能性和数量就越大。所以，要想办法使消费者在卖场的时间加长。

3. 营造最佳的超市销售气氛

一般而言，销售气氛的创造要从商场的陈列展示色彩灯光等着手。卖场的灯光，色彩应列入一定超市企业的整体识别体系内，以创造出自己独特的风格。

（三）超市通道设计的一般原则

超级市场的通道是指顾客在店内行走购物的路线。它设计的好坏，关系到顾客是否顺利地实现购物，从而影响到超市的整体经济效益，因此是超市经营的一个重要问题。

1. 单向道设计

即让顾客依货架排列方式，将商品以不重复，顾客不回头走的设计方式陈列，出口应为收银台。

2. 环绕型设计

流畅的环线以大圆或椭圆环绕为佳，按由右到左的方式环绕卖场。

3. 避开死角

死角使顾客无法看到商品，因此应避免出现。

4. 有适当的通道宽度

适当的通道宽度有助于营造一种宽松舒适的购物气氛，对大中型超级市场来说，主通道的宽度要在2米以上，副通道在1.2～1.5米以上。最小的通道不能小于90厘米。能让两个人并行或逆向通过，一般一个人的肩宽是45厘米。

二、卖场面积配置与商品的配置

(一) 超市商品卖场面积配置

超市的商品卖场面积配置是关系到超市经营成败的关键环节。如商品面积配置不当，会造成顾客想要的商品不多，不想要的商品泛滥，不仅占用了陈列货架，也积压了资金，所以超市经营的几百、几千种的商品按什么样的比例配置，是卖场中商品配置要解决的要点。

(1) 根据卖场面积确定能够摆放标准货架的总长度，即把所有货架的长度相加。

(2) 根据预估销售额，确定货架空间所占比例，如蔬菜水果将占总销售额的10%，那么它们占据的货架空间也应占到10%。

(3) 根据商品单位体积进行调整，首先求出全部商品的平均体积，对小于平均体积的商品，应减少面积分配，反之则适当增加面积，如蔬菜水果为平均体积的71%，如果货架总长度按330米计算，那么蔬菜水果空间应为330×10%×71% =23.43米。

(4) 根据货架宽度进行调整。首先求出全部货架的平均宽度，对小于平均宽度货架的商品应增加面积分配，反之减少面积分配，如平均货架宽度为50厘米，而蔬菜水果的货架宽度为45厘米，那么，此空间分配应再增加11.11%。

(5) 根据一些特殊影响因素进行调整，对于周转慢的商品给予最低限度的面积，并保持一定库存。对于周转快的畅销商品给予足够的面积，不保持库存。同时，要考虑商品齐全，便于顾客挑选等因素。

例如：某超市商品分配比例如表1-6所示：

表1-6　某超市商品分配比例　　　　单位:%

商品类别	面积比例
生鲜	20
食品	30
非食品	50

(二) 超市商品卖场面积分配的方法

在超市，消费者的购物顺序有其共同特征，超市顾客购物的基本顺序如图1-2所示。

蔬菜水果	→	畜产水产	→	冷冻食品	→	调味品	→	一般食品	→	日用食品

图 1 - 2　超市顾客的购物基本顺序

因此，商品在位置配置上也存在着一些基本模式。

1. 肉食品

肉食品是顾客光顾超市的主要购买对象，一般沿超市边墙设置，不仅可以靠近后场作业区，而且便于吸引顾客走遍全卖场。

2. 果菜品

这个部门一直被认为是超市的高利润部门，顾客常常与肉食品同时购买，对这类商品一是可与肉食品相邻；二是置于顾客购买流程的开始，以免随着购买商品的增加，无力购买果菜品。

3. 烘烤品

烘烤品的主力商品为面包，销售量很大，大多设置在入口处，这不仅会刺激高价位面包的销售，而且还会避免顾客遗忘，不至于先买了这些商品后，又被其他商品挤压。

4. 冷冻品

冷冻品有两大特征：一是可替代鲜品；二是易化解。因此，有两种位置选择：一是靠近菜品；二是置于顾客购买流程的最后，即出口附近，使商品离开冷冻的时间减至最短。

5. 奶制品

顾客一般最后购买易腐的奶制品，一般与冷冻品相连，这样无论是设备利用，还是集客力都可以"资源"共享。

6. 其他杂品

主要排列在卖场中央，布局为纵向陈列，这样顾客可以透视很深，收银员也可以照顾整个走道。

超市商品配置要注意关联性，货架的两侧部分最好不能陈列关联性商品，因为通常顾客是依货架的陈列方向行走，很少再回头选购，所以关联性的商品应陈列在通道两侧。

超市卖场商品位置配置图，如图 1 - 3 所示。

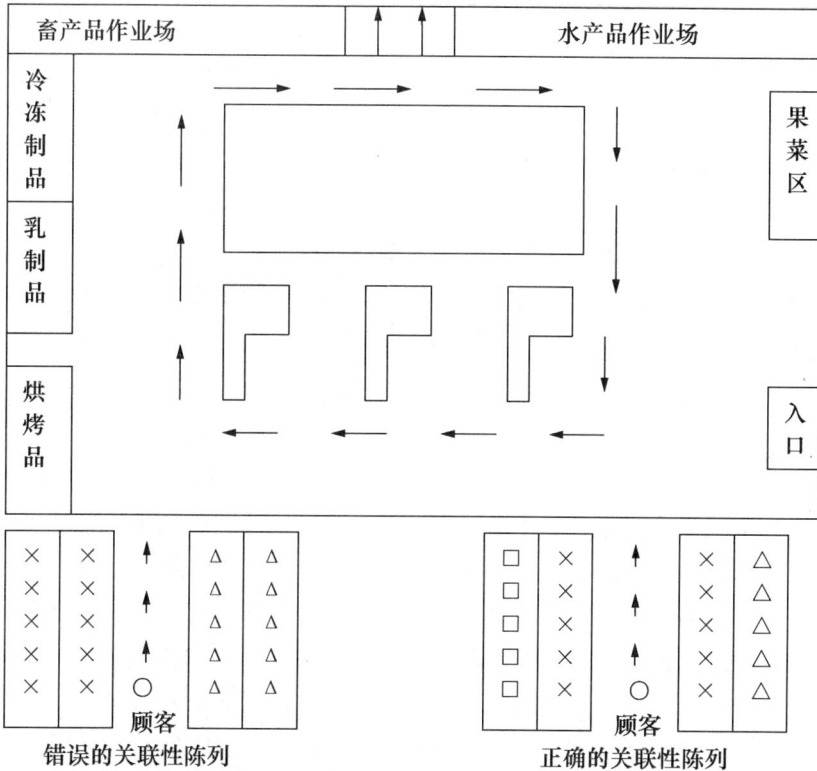

图1-3　超市卖场商品位置配置示例

（三）超市配置设计的基本理论——磁石配置理论运用

超市购物的顾客，基本上是按照进入店内→走动→在商品前停留→审视→购物这样一个先后顺序选购商品的。据观察，进入超市的顾客中，有近一半的顾客只走动店内道路的30%。商品陈列点也称磁石点，所谓磁石，是超市最吸引消费者眼光注意的地方，并引导消费者能逛完整个超市，增加冲动购买的可能性。在超市卖场的陈列设计中要特别注意以下四个磁石点的平衡设置以及磁石商品的构成和摆放。

1. 卖场第一磁石点

主力商品，位于主通路的两侧，是顾客必经之地。进入店内的绝大多数顾客都要通过店内的主道路。包括消费最多的商品、消费频度高的商品。因此，主道路两侧的商品展示不仅对销售产生很大影响，而且也往往决定商品的整体印象和信誉。主道路两侧的主要位置，我们可以把它称为卖场的第一磁石点。主道路两侧应该陈列什么样的磁石商品是卖场管理者应认真加以思考的问题。所谓磁石商品就是尽可能吸引顾客注意的商品。然而我们经常可以看到，相当多的超市出于促销的目的，在主道路两侧大堂陈列过季、滞销等降价商品以此吸引顾客注意。这种陈列方式从长远来看有损于商店整体形象在顾客心目中的地位。

卖场两则吸引顾客的磁石商品应该是：顾客消费量高的商品；顾客经常使用，购买频率高的商品；商店极力向顾客推荐的商品。

卖场的主道路顾客的流动量大，因此在商品展示中要特别注意保持主道路的宽幅不少于 1.8 米，这样才能使顾客在挑选商品时不妨碍其他顾客的通过。另外，主道路两侧的陈列切忌使用过多、过密的模特，保证店内良好的通透性。

2. 卖场第二磁石点

展示观感强的商品，位于通路末端。包括最新的商品，具有季节感的商品，明亮华丽的商品。负有诱导顾客走到卖场最里面的任务。在超市卖场中的主道路入口处，电梯出口、主道路拐角、主道路尽头等能诱导顾客在店内通行的位置，可以称为卖场的第二磁石点。经验表明，凡是对卖场第二磁石点重视的商家，其经营效果大都是非常出色的。在道路入口处或电梯出口处的商品展示，更多的是通过提案式的商品陈列来表现商家的主张或对顾客的诉求。在陈列内容上，更注重店内主力商品的宣传以求更好地推动销售。主道路的拐角处及主道路尽头位置，对于有效地诱导顾客流动起着关键的作用。因此，国外许多大型超市都力求突出在此位置磁石商品的吸引力，其目的是尽可能地诱导顾客流动到卖场的纵深处。

为实现上述目的，第二磁石商品应尽可能地做到：陈列新商品及流行商品；陈列季节感强的商品；强调陈列商品的色彩和照明的亮度。

3. 卖场第三磁石点

第三磁石点位于卖场的出口位置，端架商品，通常面对出口或主通道上，第三磁石商品的陈列目的在于尽可能地延长顾客在店内的滞留时间，刺激顾客的冲动购买。第三磁石商品主要以食品、日常生活用品、休闲类的相关用品为主，其特征为：特价商品；自有品牌商品（商家开发的品牌商品）；季节商品；购买频率高的日用品。出口处的商品陈列要考虑商品的有机组合。如特价商品是毛利率很低的商品，而季节商品、自有品牌商品是相对毛利率较高的商品。因此，在第三磁石商品的最佳组合上需要较高的经营技巧。

4. 卖场第四磁石点

第四磁点位于卖场的中部。单项商品陈列在副通道两侧，使顾客在陈列线中间引起注意的位置。

　　第四磁石商品的目的是诱导顾客向卖场中部货架密集区流动。对于面积较小，陈列线较短的超市来说，第四磁石商品的效果并不明显。在大型超市中，第四磁石商品主要集中于服装、杂货、家庭日用生活品等。

　　第四磁石商品在卖场陈列中要突出以下特征：商品花色品种的丰富性；有意利用平台、货架大量陈列；商品位置标牌；在道路两侧设置特价商品 POP 广告。

第二章   超市商品价格管理

第一节   超市统一定价的思路

一、什么决定卖场价格形象

价格形象决定了卖场能否吸引消费者。但是，大力度的促销和"天天低价"并不是价格形象的主要组成部分。

走进国内很多大卖场，人们都能看到沃尔玛口号——"天天低价"的拷贝。降价是最容易学习的营销手段，可能也是最有效的。但是沃尔玛"天天低价"的背后是"天天低成本"，这种低成本是建立在它全球的第一生意规模所带来的低成本采购和运营基础上的，离开这些来谈"天天低价"无异于自杀。那么，是不是所有的卖场都需要"天天低价"呢？没有绝对成本优势的卖场是不是在价格上就无所作为了呢？

在中国的零售市场上，价格是影响消费者对卖场整体印象的第一要素。不少消费者宁愿多走 500 米，也会去更便宜的卖场买东西。然而在零售发达地区，500 米的商圈可能聚集着若干家大卖场。那么，是不是为了吸引消费者前来购买就非"血拼"到底呢？

先让我们来了解一下消费者是如何判断卖场是便宜还是贵的。消费者在决定去哪家卖场买东西时，并非也无法比较要买的东西的具体价格，而是根据过往经验得出的各卖场的价格形象来做决定的。而决定卖场的价格形象的因素，并不是人们想象的商品的绝对价格，甚至也不是部分零售专家所说的"旗帜价格"。

　　著名的 Diller 价格模型研究告诉我们，影响商店在消费者心目中价格形象的因素并不是这么简单。它主要包括以下三个方面：价格优势（Price Advantage）、性价比（Price Quality）、价格诚实度（Price Honest）。价格优势指的是商品的绝对价格，通常是相同产品在不同卖场的价格比较；性价比指的是买到的东西是否物有所值；价格诚实度指的是该卖场在价格方面是否诚实可信，是否用低价把消费者吸引到商店，结果却发现特价产品早已卖空。这三个方面对价格形象的影响在不同地区、不同时间对不同的消费群体也有所不同。

　　一项针对中国消费者调查的结果显示，影响卖场价格形象的三种因素如下：性价比占 43%，价格优势占 40%，价格诚实度占 17%。让人大跌眼镜的是代表"绝对价格"的"价格优势"居然排在"性价比"之后。从 Diller 模型图（见图 2 - 1）可以看出，只有当三条边都取得优势的时候才能在消费者心目中获得最佳的价格形象。如果只是追求"价格优势"，忽略"性价比"和"价格的诚实性"当然无法获得消费者青睐。所以即便没有绝对的成本优势，无法在"价格优势"上体现"天天低价"，我们在改善价格形象上还是可以大有作为的。那么决定价格这三个维度的因素又是什么呢？又如何利用这些因素来改善和提升价格形象呢？

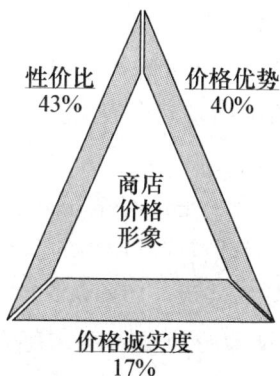

　　性价比
　　43%

　　价格优势
　　40%

　　商店
　　价格
　　形象

　　价格诚实度
　　17%

图 2 - 1　Diller 模型图

（一）性能价格比（作用率 43%）

　　消费者最关心的事情就是花钱买来的商品是否物有所值或物超所值。所以为顾客精心挑选价廉物美的产品是建立价格形象的第一步。

　　台湾某食品经销商提供的"便当"，味道上乘且价格低廉，深受众多消费者喜爱。该经销商十多个不同部门的主管每两周就要举行一次"便当"评议会——他们用刀将排骨切成小块，放到口中细细咀嚼，然后把意见记下来，或者提出相应的建议。哪怕是一粒米饭他们都不放过，米饭部经理能够精确地尝出米饭是6家供应商中哪一家做的，代价是胖了10公斤。而中国内地的卖场呢？为了创立低价的牌子，开始销售1元的卫生纸、2元的拖鞋、3元的洗发水，还自豪地宣称尚有利润可图。一个简单的道理，"聪明"的消费者会买它吗？"己所不欲，勿施于人"，消费者是不会被一再愚弄的。在价格战打得一塌糊涂的今天强调采购物美价廉的产品有点老套，但是它的确是价格形象的基础。只有如同该经销商那样建立严格的质量监督体系，采购和门店主管身体力行，才是行之有效的方法。

如今，购物已经不是买到商品那么简单的事情，消费者还会关心购物体验。他们希望这种体验是：我想要买的商品从不缺货；我总能在卖场发现最新的产品；这家店的货架陈列便于选择和购买；销售人员很友善地为我服务；在这家卖场购物很便捷；等等。

消费者这种期望的实现程度决定了他们对这家商店的性价比的评分。所以在库存、货架管理、新品种引进、商品布局和陈列、销售人员微笑服务和收银设施等方面做得更出色都能有效提高"性价比"得分。消费者收入越高，对"性价比"的重视程度越高。而这部分消费者正是很多商家所梦寐以求的。

（二）价格优势（作用率40%）

利用降价或变相降价来吸引消费者购买是商家的常规"武器"。但他们在使用这种"武器"之前往往没有搞清楚两个问题：

1. "炮弹"打向谁

在战场上"炮弹"打到敌群中是最有杀伤力的，商场上也是如此。谁是我们想要吸引的消费者，是商家必须首先弄明白的问题，其次，周围消费群体特征也是十分重要的因素。但仅考虑这两点还不够，它会让商家的"促销商品"变成杯水车薪，效果不大。低收入的消费者对"绝对价格"的关心度最大，对"价格促销"最感兴趣。但是由于消费能力问题，他们所进行的关联购买非常有限。而高收入消费者则更关注商品质量、服务和性价比。家庭成员的组成也是影响消费的重要因素。消费者调查告诉我们，有0~3岁小孩的家庭日常消费最多，对商店贡献也最大。另外要重视那些过于精明的家庭主妇，她们只扫荡"超低价"生活必需品，因此限量供应、分时段供应是最吸引她们的促销方式，否则"箭"就都落到草船上去了。

2. 打什么样的"炮弹"

前面提到的"旗帜价格"的确存在，并且在消费者评判"价格优势"的时候也具有决定性作用。这种商品往往有以下特点：消费者使用频繁，花费较多；产品相对简单，价格容易记忆；类别上可以是品类、品牌甚至可以是某一单品，且往往是市场上该品类的第一品牌。

大米、食用油、可乐、洗发水、香皂、洗衣粉等不少品牌都经常是"价格旗帜商品"。消费者收入水平不同，"价格旗帜商品"也会不一样。低收入的消费者更关心生活必需品。如果促销大米，可能门店里涌来的 80% 都是大妈；如果是婴儿纸尿裤大减价，来的就多是年轻的妈妈。同时门店可以根据自身的采购优势，建立自己的"旗帜价格"，把消费者对某一品牌商品的敏感度转移到整个品类。如让消费者形成去家乐福买生鲜，去沃尔玛买熟食这样的概念。此外，还可利用"价格弹性"理论，通过降价促销来获取更多利润，这通常由购物者的购物习惯、消费能力和品牌忠诚度所决定。一般来说，一位消费者一般只会买一瓶洗发水，但卷纸却可能会拿上 20 卷；一位将某个品牌洗洁精用了 20 年的消费者很难因为别的牌子搞特价而"移情别恋"。但是，若是把零食和果汁摆上堆头、打上特价，销量定会大增。

可见，"炮弹打向谁"是商店根据自身情况做出的定夺，并根据目标对象的不同采用不同的"炮弹组合"。反过来，根据目标消费者购物习惯所定制的"炮弹"能够帮助商家屏蔽掉部分无价值客户。所以，即便是真刀真枪的"价格优势"比拼，除去采购因素，商家还有很多事情可做。

（三）价格诚实度（作用率 17%）

在国内一些一线城市的市场上，谁是价格形象最好的卖场？消费者告诉你是 A 跨国超市。可能 B 跨国超市的价格制定者很诧异，因为实际上有很多商品他们定价比 A 超市低。当然，B 超市从开业那天起就麻烦不断：一会儿是收款价格和标签不符合，一会儿是假货风波等。这样，消费者还会"开心购物 B 超市"吗？所以要维护价格的诚实度至少要注意三条：首先，不要让消费者担心假货；其次，不要让消费者担心实际收款和标价不符；最后，让消费者容易退换货品。当然，价格诚实度的建立不是件容易事，需要长时间的积累。在这个过程中有力的公关活动会加深消费者的印象。但商家千万不要因为一件小事而破坏多年建立起来的诚实度。

创立自己的独特"卖点"是解决"价格战"的根本之道。当然，"不是最低价，退款"是一种不错的宣传方法，但在准备运用它之前必须想清楚，是否已经具备这种实力，并且无论在什么情况下都 100% 承兑。那种企图通过给"认真的消费者"设置圈套的想法可能最终把自己"套"了进去。

沃尔玛的"天天低价"指的是它在价格三个维度方面的全面胜出。正是因为它把全部家当都赌在"价格"上面。为了降低成本，它的商店离市区比较远，它的购物环境比较简单。但是这样的做法倒是给其他的商店，在其他方面提供了机会，如便利性、购物环境等。创立自己的独特"卖点"才是解决"价格战"的根本之道。

二、超市统一定价的特点

（一）价格统一是连锁超市的特色之一

在连锁体系中，价格权集中在总部，各个门店都执行超市总部统一的定价政策，执行统一的商品销售价格，不能随意变动。在同城各个门店买到的商品，价格完全相同。

（二）统一的定价与统一的价格的区别

统一的定价政策不是"统一的价格"。"统一"是指价格的决定权统一在总部，各个分店无自行定价权。随着连锁超市规模的扩大，连锁分店分布广泛，在各地区消费水平、消费习惯完全不同的情况下，强行实施完全一致的价格，就有可能导致超市经营机会的丧失。作为各连锁分店，有责任及时、全面、准确地向总部提供价格信息，并有权向总部提出适合自身的价格修订建议，在总部的许可下，可重新制定价格，以增加商品地区适应性和竞争能力。

三、超市定价应体现的原则

（一）超市企业经营目标与商品定价

一般来说，连锁超市商品定价有一定的原则，这个原则必须与整体商品的经营策略相一致。不同超市在不同时期、不同市场环境中，可以有不同的经营目标，它可以销售量、利润的增加为目标，也可以市场占有率的提高或市场竞争能力的增强为目标。究竟是何种目标，则视超市的情况而定。

（1）如果超市以销售为目标，商品可以采用较低的价格出售。通过销售量的增加来保证企业的利润，同时随着销售量的增加，进货量也增加。

（2）超市往往可以得到供应商提供的各种优惠条件，获得较低的进货价格。

（3）若以提高市场占有率和竞争能力为目标，超市可以采用低于竞争对手的价格或附送赠品来促进商品的销售。

需要注意的是，对不同的商品，超市可能同时采用多种价格策略，但其必须与超市商品的总体经营目标相协调。

（二）收益定位与商品价格

体现商品总体经营思想，实际上就是要对不同的商品给予不同的收益定位，每一种收益定位的商品其价格特征都是不同的。

（1）反映超市形象的商品，其价格特征可能是比较优惠，而收益的定位则是考核其对顾客流量的吸引率。

（2）高周转商品。其价格特征是低价，而收益定位在平时是考核其现金流量的贡献率。在年终则用供应商返利率进行考核。

（3）促销商品，其价格特征是特别低价，而收益定位则是考核其在一段时间内销售总量提升幅度的比率，及供应商所给予的其他利益，如进货奖励、提高折扣率、延长付款期等。

第二节　价格策略的决定要素与政策

所谓价格政策或价格战略，即以价格的决定与价格维持等操作价格，借以达到短期或中长期的销售目标，并同时谋求提高效益。其政策的决定要素如下：

一、价格政策的决定要素及调整方法

（一）消费者的价格意识与价值判断

消费者的价格意识与价值判断的主要做法如下：

1. 顾客阶层的细分化

即在商圈调查时所做的客层定位。没有一家超市可以满足所有的消费者，所以只能利用客层定位，选择最多的客层或族群作为服务对象。

2. 商品层级的决定

即依据客层定位所做的商品定位，商品定位包含了商品组合，当然也涵盖了商品品质的层级。

（二）整个市场的经营的关系

整个市场的经营关系，可分四个方向思考：

1. 与商品组合的关系商品的定价

与商品组合的关系商品的定价，必须从整个商品群去考虑，而非以个别商品做定价。如超市先设定果菜需达到 20% 的毛利，虽然如此，超市并非将每样果菜商品都加 20% 的毛利出售，而须视消费者对个别产品的敏感度以及销售量而定。

2. 与广告宣传的关系

新推出的商品或可增加超市形象的商品，其定价当然不可以过高。此外供应商正在媒体广告中的商品，往往也是消费者最敏感的商品，其售价也不可过高，以免破坏超市形象，引起消费者的反感。

3. 与流通渠道的关系

通路越短，中间所经过的层次越少，其价格通常都比较有竞争力。如从产地农民直接进货的果菜产品、从国外直接进口的肉品或日用杂货品。

4. 与促销方法的关系

办促销活动总会花钱，而且有时甚至要降低某些商品的价格，牺牲一些利润。总而言之，举行促销活动的目的不外是要吸引更多的消费者前来，以获取更多的无形利益及实质的利益，所以办促销活动一定要以至少不亏钱为目标。

（三）在业界的竞争地位

1. 业界的领导者或非领导者

如果某连锁超市是业界的领导者，那么该连锁超市所定的价格也一定会成为领导价格，此时对价格的升降更须谨慎，以防紧随在后的业者迎头赶上。如果在业界非居于领导者的地位。在价格上则须紧追着前一名业者，不要无端引起战火，以免遭围剿或痛击。

2. 与竞争对手的关系

除了了解自己的优点外，也要了解对方的优缺点，所谓"知己知彼，百战百胜"。如能走出自己的路，与其他同业取长补短，则为上策；若无法走出自己的路，最好商品重叠的部分不要太多，而应以和平共处为原则，此即为中策；如果碰到短兵相接，已无合理价格策略时，只有选择"竞争的价格策略"，此即为下策。

（四）与产品生命周期的关系

1. 导入期

商品在导入期的阶段，较易引起消费者的注意，此时应以较低的价格出售。如柑橘初上市，超市可以选出品质最好的商品，而以近于成本的价格出售，以换取消费者的好感；如果该项新商品属于"有成商品"，即有意将其培育成明日之星的产品，则需长期抗战，在初期绝对不可以赚取过多的利润，以免一下子就吓跑消费者，等到该项商品已经育成到一个阶段，如每天都已有相当固定的销售数量后，才可慢慢地提高售价。

2. 成长期

成长期的产品，可以维持一个稳定且适当利润的售价，偶尔也可以运用促销手段，以再度吸引消费者的注意。成熟期的商品其定价策略与成长期相同，但须随时注意观察，并准备新替代品，待准备好替代品，在成熟期末出清存货，如此回转的速度才会快，消费者才会有新鲜活泼的感觉。

3. 衰退期

已步入衰退期的商品应在举办促销活动时，尽快出清存货，如能收回成本，尽速出清就真是赚钱了。消费者对衰退的商品，已经没有新鲜感了，此时回转速度自会变慢，而且可能会产生"滞销品"或"残货"，所以超市宁愿出清存货也不要让商品变成滞销品。因为滞销品不但会占据库存空间，而且在办理退货时超市还要付出更多的代价。

二、考虑环境的因素

价格订定时，除了要了解自己本身的状况外，对自己的定价目标、产品的原价及随时在变化的四周环境，也要有很高的敏感性。

在环境方面要注意：

1. 同业的价格动向

也许表面上风平浪静，但竞争者可能随时在准备下一波的攻击。同业在办促销活动时，除非我们采用不同的促销策略，如同业用特卖，我们用抽奖，各自吸引不同阶层或不同需求的客层，否则在同业做特卖时，最好亦适度跟进，才能使自己更具竞争力。

2. 季节变化的因素

在季节更替时，商品也随着改变。如夏季来临，冷饮上场；冬季来时，火锅因应。商品计划人员应了解季节的变化，并借此掌握消费者的需求。要注意的是，季节性商品的推出应把握最好时机，如秋冬变化之际，第一波寒流来临时，适时推出火锅商品，必定会有不错的销售业绩，因为此时消费者的需求较高，如推出太晚，当消费者已被喂饱了，需求的频度已降低才来推出，销售的契机就已丧失。

此外，在季节更替时初推出的商品，其售价应酌予降低，借以吸引消费者的注意。

3. 气候变化的因素

我国幅员辽阔，气候的变化非常大。尤其在夏季时，应特别注意季风动向的变化。

4. 了解整体供需的状况

当供过于求时，价格政策只能以一般的价格销售；当供不应求时，可适度地调高售价。尤其生鲜果菜，常因季节更替，或气候的变化而产生供需失调。至于其他的商品，因取代性高，较难回复到以往的"卖方市场"。

三、超市价格政策

（一）价格政策与执行

（1）正常售价设定。

1）大品牌商品以低于或等于相对竞争者的每日售价为准，每日进价则以符合超市设定的毛利要求或可争取到的更佳最低进价为准。

2）非大品牌商品以"成本向上计算法"计算最佳进价，在以创造毛利或价格形象的方式决定售价。

（2）以来客数、价格形象创造、竞争因素、毛利、供应商支持度、节庆、促销弹性等因素作综合考虑，以优于或等于竞争者的售价执行促销价。

（二）市场价格策略

1. 整体价格策略

创造超市商品平价是永恒的话题，也是创造成功的业绩、毛利、来客数与客单价的重要途径。

2. 各类别商品的价格政策

（1）一般平日售价。每一个商品的平日常态售价，敏感性高的重要商品与大多数商品皆低于或不高于主要形态、市场定位相同的竞争对手。而其进价不但须达成超市毛利结构与标准，也不可因供应商行销赞助费用而以提高进价为代价。

（2）店内促销价。以高回转率、具价格与品牌敏感性的主要商品为主，并为创造业绩、毛利率、价格形象与竞争力的目标称为促销；又低于平日售价，以求量增的销售价格，称为促销价。超市政策除了自行规划的促销目的外，每一次的促销价都必须与主要竞争者的促销价作比较，因为促销行为与促销价是建立价格形象、提高竞争力的利器之一。

（3）DM 促销价格。以不合理低价或低于成本或大幅低于竞争对手的销售价格，来达成创造来客数，激化价格形象或是价格战的促销行为价格，称为促销价格，作为顾客辨识促销的协助（DM 销售价格亦须考虑相对竞争店的历史价格）。

（4）生鲜价格。生鲜商品最重要的策略是先建构能充分满足顾客每日需求的商品族群与品质，再设定其能接受相对较低合理的市场价格，以毛利、品质、销量、形象作满意的指挥，仅以价格预期生鲜商品的成功是无法得到最大成功的。

（三）市场价格调查

竞争者价格调查的目的在于，选择（食品生鲜、百货各半）高回转率具代表性与敏感性商品，并由店方调查重要竞争者的价格作为超市保持相对性竞争者或优势性的决策依据，其操作方法如下。

1. 市场调查对象

在该店 5000 米距离内或最近的仓储式商店与大卖场为市场调查对象（包括自由市场）。

2. 市场调查时间

生鲜类每周进行两次市场价格调查，其他类商品每周进行一次市场价格调查。

（四）价格决策流程

超市门店应每周定期将市场调查价格传真至商品采购部整核作价格决策，并当日处理完毕，有变价者各门店即可以新价格销售，所有决策咨讯由商品采购部领导主持并签认，须于当日传回超市门店店长。

（1）价格类别。超市门店在作市场调查时须标明商品价格的分类（作为价格决策参考）。

1）为每日售价。

2）为一般促销售价。

3）为 DM 促销售价。

（2）企划部门：企划部门须统一收集竞争店促销 DM 并制作市场调查表格，于市场调查结果完成后针对主要商品价格与市场调查资料汇整成资料库，作为未来 DM 价格操作的参考。

（3）价格变价处理模式参考：

1）跟价。相同或低一点。有供应商支持者，但要注意，营运部门要求供应商以新价进货，否则现有库存品为原有进货成本会有毛利损失。无供应商支持者，卖场不作大陈列，低调处理即可。

2）不跟价。如果超市刚做完促销或即将要做促销相同商品或类似的商品，价格上亦有优势或供应商不支持等因素。毛损太多，以不跟价为好。

3）若无销售相同品项且对手作大幅度促销时，由采购部领导判断是否须以类似商品跟价。

4）竞争者价格若遭供应商抵制，并确认已遭供应商断货或买回者，超市可考虑不跟价，但绝大多数供应商皆不易做到此点。

5）原则上所有相同商品的跟价，都要争取供应商支持跟价，千万不要做不当操作，造成现有库存品毛利损失或造成增加进货但无法顺利销售，提高库存的反面效果。

6）采购部领导是所有市场调查决策的最终决策者。

7）跟价期间以竞争者的促销期间或以一周为限。

8）长期市场调查资讯反映不具价格竞争力的商品，采购部领导可据而向供应商要求反映价格结构，否则可考虑下货架或缩小该供应商陈列位置及进货金额。

（4）针对竞争者不定期出现的大规模或特殊促销活动，由店方与采购领导商议是否跟价，若有异议者，由店长决策。

（5）市场调查时，超市门店店长、部门经理要严格要求市场调查品项、价格、包装、价格类别的正确性，采购部领导如认为不确定，可自行确认，以决策依据，执行市场调查人员，原则上按实际市场调查执行，切忌填写假资料。

（6）市场调查难免会有错误资讯，以采购部领导最后决策为依据，因为采购部领导负价格操作与价格竞争力的最终责任。

（7）市场调查品项每三个月评估一次，季节性更换可由采购部领导提出。任何一个通路都不可能维持每一个品项的优势价格，但维持200～300项最敏感品项的相对优势性是绝对必要的。

四、制定价格策略程序

（一）选择定价目标

定价可达成的目标如下：

（1）维持生存。即售价可负担可变成本及部分的固定费用。

（2）求取当期利润最大。即求取最多的毛利（可能低价也可能高价）。

（3）求取当期收入最大。即采取低价薄利多销。

（4）求取最大利润价。即采取高价策略。

（5）求得高品质的声誉。

（二）确定需求

零售业无法像制造业一样事先预估购买者需求函数，但是了解需求对价格的影响又必不可少，至少要了解以下各项。

1. 需求与供给的关系

若需求大于供给，这是卖方市场。在定价时可采取高姿态，但要注意此状态究竟是临时性还是持续性，若是临时性，切勿予人以趁火打劫之感；若需求小于供给，则是买方市场，超市在定价时要采取较低姿态。

2. 需求弹性

需求弹性大，则代表商品需求变动受价格影响大，顾客的价格敏感时需求弹性小，则代表商品需求受价格影响性小，顾客对价格敏感度低。

（三）计算成本

零售业的商品成本主要来自采购进价，故成本估算较制造业来得容易，但仍须考虑下列因素：

（1）进价成本变动的计算，一般采取加权平均法以舒缓成本波动的幅度。

（2）是否有现金折扣。

（3）是否有数量折扣。

（4）正常损耗的比率为何。

（5）是否会有过时、过期的商品。

（6）是否会失重（某些食品）。

（四）分析竞争对手的价格

对于价格敏感性高的消费者而言，可多方比较，再予以取舍，故在决定售价或调整售价时，不得不考虑竞争对手现状或其可能的反应。在分析竞争价格时，要注意下列因素：

（1）竞争的意识与观念，不仅限于同业，消费者由于时间有限，金钱支出有限，往往造成异业间有竞争替代的情况。

（2）同样的商品在不同的零售业态，售价往往不同，这是因为价格并非消费者考虑的惟一要素。

（3）售价高或低，并不代表何者有利，而要根据追求的目标客层需求而定。

（4）对于超市内销售的众多商品而言，顾客仅对较常购买的畅销品或必需品等少数品项，有所谓的价格敏感性或熟悉度。

（5）除少数敏感性商品外，以价格带分析比个别商品单价分析更易掌握重点。

（五）价格带与价格线

对于商品群的定价，重要的一点就是理解价格带与价格线。价格带是由商品群的上限价格和下限价格形成的。它的确定是为了使顾客对商品群的选择有一个明确的目标。商品的价格线是由商品价格带中高、中、低价格集合而成的。价格线一般由超市所确定的目标顾客收入来决定。

一般来说，由于不同业态的连锁超市目标顾客不同，商品群定价也就不同。如对于大型综合超市，其商品价格大多集中在中、低价格带，商品价格带与价格线的合理确定，一方面可以使超市商品的立场清晰，目标明确；另一方面可以使顾客对超市商品的选择立场分明。

另外，它可以使超市在毛利率与毛利额的掌握上，由于事先进行过划分，使超市获得整体的利润比平均利润高。

第三节　毛利政策与分析

一、毛利政策

（一）毛利的达成以不牺牲价格形象与相对价格竞争优势为前提

（1）各大类毛利目标（仅供参考，各超市可结合本地情况来决定），如下：

1）生鲜商品的总毛利水平为25%以上为目标。

2）食品杂货的总毛利水平为12%以上为目标。

3）百货商品的总毛利水平为18%以上为目标。

（2）总毛利。总毛利率 = A 毛利率 × 销售占比% + B 毛利率 × 销售占比% + C 毛利率 × 销售占比%……

（3）营运损耗标准。

1）现流生鲜商品以3%为上限。

2）非现流生鲜商品与冷藏、冷冻商品以0.5%为上限。

3）食品杂货以0.5%为上限。

4）百货商品以 0.3% 为上限。

（4）扣除损耗的总净毛利率。如（25% - 3%）×13% +（12% - 0.5%）× 37% +（18% - 0.3%）×50% = 15.965%。

（5）为了适应损耗管理的初期不确定因素，商品采购部门拟与供应商议定 0.5% ~2%，依商品类别的损耗补贴。

（6）初期开店，损耗或较高，但以不超过损失标准一倍为最高忍受范围，否则视为重大损失，并立即进行重大检讨与改进，营运 3 个月后，即以上述标准为标准。

（二）毛利

（1）采购在定价和做促销时必须了解毛利结构。

毛利额 = 售价 - 进价

毛利率 =（1 - 进价/售价）×100%

（2）利用销售分析报表。

（3）预估促销销售及促销毛利。

如毛利期望值如下：

正常销售：100 万元 × 毛利 13% = 13 万元。

促销：25 万元 × 毛利 3% = 0.75 万元。

销售：125 万元 × 毛利 11% = 13.75 万元。

毛利因促销售价平均利润而由 13% 降低到 11%。

（4）如何做促销毛利损失预估（见表 2 - 1）。

表 2 - 1　促销毛利损失预估表

档期：　　　　　　　　　　　　　　　　　　　　促销时间

品项	SKU（编号）	品名	原进价	原售价	原毛利	原利率	促销进价	促销售价	促销毛利	促销毛利率	预估销售	预估总销售额	预估毛利损失	备注
总销售额		总进货额		毛利			毛利率		原毛利		毛利损失			
毛利损失率		期间销售		促销占比			部别		制表人					

毛利预估损失表是用来：

①了解促销进价，售价与正常促销进价售价差别；②了解毛利改变状况；③了解促销占比；④了解促销期间内促销预估销售占比；⑤作为采购控制毛利的依据；⑥采购填完单据后交采购领导复核；⑦将 A 部分及促销进价、促销毛利、促销毛利率盖住卖场。

二、毛利率分析

（一）毛利率控制

毛利率 = 毛利/营业额 × 100%

将每一种分类的毛利率计算出来，了解哪一种分类的获利能力好，哪一种分类的获利能力差，从而调整商品结构或强化弱的分类。

（1）理想状况。

1）毛利率刚好达成预估的毛利率。

2）业绩销售增加越多越好。

3）如果毛利率太低可能的原因。

4）促销品项太多。

5）正常品售价太低。

6）价格错误造成无形损失。

7）与竞争对手的比价无形拉低毛利。

（2）采购因应对策。

1）先找出毛利率太低的原因。

2）如果促销品项太多，促销结束后应减少促销品项，拉抬毛利率。

3）如正常品售价太低，则拉抬售价针对次要商品、非竞争性商品进行拉价，主要竞争商品仍不动则检查进价、定价是否错误。

4）如价格错误（输入电脑错误，或打错标签）则立即修正，并追究责任。

5）如因与竞争对手比价而造成毛利下降，则采购应针对几项市场主力商品售价与竞争对手拉大价差，而非主力商品则拉高毛利，不予理会以免浪费毛利。

6）寻求厂商支援。

（3）采购必须控制毛利率在规定的标准左右。

1）毛利率太高。售价太高，影响公司形象，顾客会抗议减少消费。

2）毛利太低。减少收益。

（4）采购应把业绩置于第一位，业绩好代表顾客支持这个卖场，但毛利要达到规定的标准，超市才不会因此造成财务损失，这样卖场才能持久。

（5）绝不可为了毛利而影响整个业绩，如果只追求毛利即使毛利高于预算很多，但超市的顾客也在不断地流失中，因为超市的售价过高，最后会导致很多潜在的顾客流失。

（二）周转天数控制

商品周转率分析。

商品周转率 = 营业额 ÷ 初期存货 + 期末存货 ÷ 2 × 100%

商品周转天数 = 365 天 ÷ 年商品周转率

周转天数 = 库存 ÷ 销售 × 每月天数

控制周转天数下降有两种好方法：增加销售或者减少库存。

超市的经营诀窍之一就在求取快速的商品周转，所以每一分类的周转率必须要计算出来，周转率愈高愈好。因周转率愈高，商品鲜度愈佳，资金回收速度也愈快。一般来说，超市的周转次数，一年应保持在 20 次以上才合乎标准，经营者可以检查一下自己超市的回转次数，是否在标准之内，若不能达到甚至差距还大，就需要好好努力了。

第四节　商品定价的方法与技巧

一、商品定价方法

（一）品种别定价方法

所谓商品的品种别就是把超市中的商品分成性质完全不同的两大类：一是为超市带来主要利润的商品；二是适应顾客一次性完成购买条件的超市形象商品。这里所说的反映超市形象的商品，就是反映超市是专门提供给顾客价廉、省时、便利商品的企业形象。

商品品种别定价方法就是将超市形象产品，如蔬菜水果、主副食品等按较低的毛利率出售，对其中一些消费者使用最大、购买频率高、最受欢迎的商品按进价，甚至低于进价出售，这些商品称为拳头产品。而对于一些为超市带来主要利润的商品，如调味品、休闲食品等则加以比超市形象商品高的利润定价出售。在陈列上，以拳头商品为核心，在它周围大量陈列能带来利润的商品，使拳头商品引来顾客、集中顾客，同时顾客在购买拳头商品时，也带来其他商品的销售。

商品品种别定价法是一种典型的招徕定价与贵贱组合定价的集合方法。实施商品品种别定价法，关键是要事先计划好，哪些是拳头商品，哪些是无利商品，哪些是低盈利和高盈利商品。这些商品的销售量比例要有较精确的计算，要有合理的组合陈列，要有相应的促销计划配合，否则，就不会取得好的销售效果。

（二）高周转商品定价方法

对于那些周转率较高的商品可以采用低于竞争对手的价格。因为这些商品的利润并不体现在单个商品的价格优势上，而是体现在销售的数量上，销售得越多，现金流量的贡献率就越大。必须要明确，在超市的经营中，现金流量的贡献率有时会超过利润贡献率，成为第一位的连锁超市利益目标。超市可利用这些低价商品吸引更多的人流，从而带动其他商品的销售。

另外，商品的周转率提高，就会增加对供应商的进货次数与进货批量。增强超市对供应商的议价能力，获得较多的价格折扣。

二、商品定价的技巧

做生意，定价很有讲究，定得好，商品销得快，定得不好，货卖不动。以下定价技巧可供借鉴。

（一）同价销售术

在国外，比较流行的同价销售术有分柜同价销售，如有的小商店开设 1 角钱商品专柜、1 元钱商品专柜，而一些大商店则开设了 10 元、50 元、100 元商品专柜。

英国有一家小店，起初生意萧条很不景气。一天，店主灵机一动，想出一招：只要顾客出 1 英镑，便可在店内任选一件商品（店内商品都是同一价格的）。这可谓抓住了人们的好奇心理。尽管一些商品的价格略高于市价，但仍招徕大批顾客，销售额比附近几家百货公司都高。

提示：讨价还价是一件烦人的事。一口价干脆简单。目前国内已兴起很多这样的店，方法虽好，但生意却不太好。实质上，策略或招数只在一定程度上管用，关键还是要货真价实。

（二）分割法

没有什么东西能比顾客对价格更敏感的了，因为价格即代表他兜里的金钱，要让顾客感受到你只从他兜里掏了很少一部分，而非一大把。价格分割是一种心理策略。卖方定价时，采用这种技巧，能造成买方心理上的价格便宜感。价格分割包括下面两种形式。

1. 用较小的单位报价

如茶叶每公斤 50 元报成每 50 克 2.50 元，大米每吨 2000 元报成每公斤 2 元等。巴黎地铁的广告是："只需付 30 法郎，就有 200 万旅客能看到您的广告。"

2. 用较小单位商品的价格进行比较

如："每天少抽一支烟，每日就可订一份报纸。""使用这种电冰箱平均每天 0.45 元电费，只够吃一根冰棍！"

提示：记住报价时用小单位。

（三）特高价法

独一无二的产品才能卖出独一无二的价格。特高价法即在新商品开始投放市场时，把价格定得大大高于成本，使企业在短期内能获得大量盈利，以后再根据市场形势的变化来调整价格。

某地有一商店进了少量中高档女外套，进价 580 元一件。该商店的经营者见这种外套用料、做工都很好，色彩、款式也很新颖，在本地市场上还没有出现过，于是定出 1280 元一件的高价，居然很快就销售一空。

提示：如果推出的产品很受欢迎，且市场上只此一家有货，就可卖出较高的价。不过这种形势一般不会持续太久。畅销的东西，别人也可群起而仿之，因此，要保持较高售价，就必须不断推出独特的产品。

（四）低价法

便宜无好货，好货不便宜，这是千百年的经验之谈，你要做的事就是消除这种成见。这种策略则先将产品的价格定得尽可能低一些，使新产品迅速被消费者所接受，优先在市场取得领先地位。由于利润过低，能有效地排斥竞争对手，使自己长期占领市场。这是一种长久的战略，适合一些资金雄厚的大超市。

对于一个生产企业来说，将产品的价格定得很低，先打开销路，占领市场，然后再扩大生产，降低生产成本。对于商业企业来说，尽可能压低商品的销售价格，虽然单个商品的销售利润比较少，但销售额增大了，总的商业利润会更多。

提示：在应用低价格方法时应注意，高档商品慎用；对追求高消费的消费者慎用。

（五）安全法

价值 10 元的商品，以 20 元价格卖出，表面上是赚了，却可能赔掉一个顾客。对于一般商品来说，价格定得过高，不利于打开市场；价格定得太低，则可能出现亏损。因此，最稳妥可靠的方法是将商品的价格定得比较适中，消费者有能力购买，推销商也便于推销。

安全定价通常是由成本加正常利润构成的。如一条牛仔裤的成本是 80 元，根据服装行业的一般利润水平，期待每条牛仔裤能获取 20 元的利润，那么，这条牛仔裤的安全价格为 100 元。

提示：在实际操作中，如果企业商品名气不大，即使安全定价也不安全。渴求名牌、高消费的消费者觉得产品档次太低，讲究实惠价廉的消费者又嫌价格偏高，两头不讨好。

（六）非整数法

差之毫厘，失之千里。把商品零售价格定成带有零头末尾的非整数的做法，销售专家称为非整数价格。这是一种极能激发消费者购买欲望的价格。这种策略的出发点是认为消费者在心理上总是存在零头价格比整数价格低的感觉。

有一年夏天，一家日用杂货店进了一批货，以每件 1 元的价格销售，可购买者并不踊跃。无奈商店只好决定降价，但考虑到进货成本，只降了 2 分钱，价格变成 9 角 8 分。想不到就是这 2 分钱之差竟使局面陡变，买者络绎不绝，货物很快销售一空。营业员欣喜之余，慨叹一声：只差 2 分钱呀！

提示：实践证明，非整数价格法确实能够激发出消费者的购买欲望，获得明显的经营效果。因为非整数价格虽与整数价格相近，但它给予消费者的心理信息是不一样的。

（七）整数法

疾风知劲草，好马配好鞍。美国的一位汽车制造商曾公开宣称，要为世界上最富有的人制造一种大型高级豪华轿车。这种车有 6 个轮子，长度相当于两辆凯迪拉克高级轿车，车内有酒吧间和洗澡间，价格定为 100 万美元。为什么一定要定个 100 万美元的整数价呢？这是因为，高档豪华的超级商品的购买者，一般都有显示其身份、地位、富有大度的心理诉求，100 万美元的豪华轿车，正迎合了购买者的这种心理。

提示：对于高档商品、耐用商品等宜采用整数定价策略，给顾客一种"一分钱一分货"的感觉，以树立商品的形象。

（八）弧形数字法

带有弧形线条的数字，如 5、8、0、3、6、9 等似乎不带有刺激感，易为顾客接受；而不带有弧形线条的数字，如 1、7、4 等比较而言就不大受欢迎。所以，在商场、超级市场商品销售价格中，8、5 等数字常常出现。

"8"与"发"虽毫不相干，但宁可信其有，不可信其无。满足消费者的心理需求总是对的。据国外市场调查发现，在生意兴隆的商场、超市中商品定价时所用的数字，按其使用的频率排序，先后依次是 5、8、0、3、6、9、2、4、7、1。这种现象不是偶然出现的，究其根源是顾客消费心理的作用。

提示：在价格的数字应用上，应结合我国国情。很多人喜欢 8 这个数字，并认为它会给自己带来发财的好运；4 字因为与"死"同音，被人忌讳；7 字，人们一般感觉不舒心；6 字，因中国老百姓有六六大顺的说法，6 字比较受欢迎。

（九）分级法

先有价格，后有商品，看顾客的钱袋定价。法国一位华人经销商生财有道，他在制定产品销售价格时，总是考虑到顾客的购买力。如他生产的皮带，就是根据法国人的高、中、低收入定价的。低档货适合低收入者的需要，定在 50 法郎左右，用料是普通牛羊皮，这部分人较多，就多生产些。高档货适合高收入者的需要，定在 500～800 法郎，用料贵重，有蟒皮、鳄皮，但是这部分人较少，就少生产些。有些独家经营的贵重商品，定价不封顶，因为对有些人来说，只要是他喜欢的，价格再高也会购买的。中档货就定在 200～300 法郎。

提示：商品价格是否合理，关键要看顾客能否接受。只要顾客能接受，价格再高也可以。

（十）调整法

好的调整犹如润滑油，能使畅销、平销、滞销商品都畅通无阻。德国有一家零售公司，经销任何商品都很成功。如该公司刚推出 1 万套内衣外穿的时装时，定价超过普通内衣价格的 4.5～6.2 倍，但同样销售很旺。这是因为这种时装一反过去内外有别的穿着特色，顾客感到新鲜，有极强的吸引力。可是没过几个月，当德国各大城市相继大批推出这种内衣外穿时装时，该公司却将价格一下骤降到只略高于普通内衣的价格，同样一销而光。这样，又过了 8 个月，当内衣外穿时装已经不那么吸引人时，该公司又以成本价出售，每套时装的价格还不到普通内衣的 60%，这种过时衣服在该地区还是十分畅销。

提示：企业在市场竞争中，应时时预测供求的变化。

第三章 超市商品类群管理

第一节 营业结构与商品分类

一、营业结构组成

（一） 超市门店的经营范围

1. 非食品

大家电，小家电，五金工具，汽车用品，家居品及灯饰，婴儿用品，床上用品，贴身针纺，服饰及鞋类，文具、箱包，玩具及体育用品，精品，化妆品及书刊、音像制品等、日化、卫生用品、纸制品。

2. 食品

粮油，调味品，南北干货，饮料，烟酒，冲调饮品，罐头，糖果饼干，保健品，休闲小吃。

3. 生鲜食品

面包，蛋糕，蔬菜、水果，杂粮，蛋类，肉产品，海产品，熟食，面点，冷冻食品及保鲜食品，保鲜奶制品、饮料，冰品等。

（二）超市商品结构

商品结构是在预定的商圈里面，进行细致的调研后，根据在这个消费区内居住人员的教育程度、人均收入、所需商品的档次、花色来制定的商品群体。

满足消费者一次购足的需求，只有这样才会取得好成绩。由此可见，商品观念的形成主要依据对消费者需求的了解，只有有了正确的商品观念以后，才可据此决定各部门结构的特性，逐步开发各项商品。

超市商品结构体系，如图 3-1 所示。

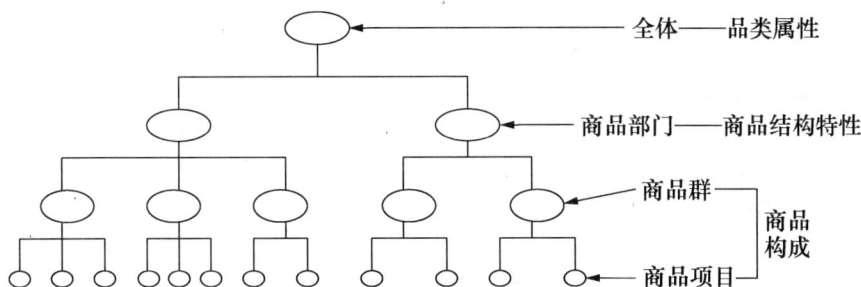

图 3-1 超市商品结构体系

（三）超市的商品组合

为了满足消费者"一次购足"的需求，本来只出售食品的超级市场又加卖日用品等，这是在商品组合上的新发展。日本专家将超级市场的商品组合以体系化的概念加以整理。

全体商品的体系，如图 3-2 所示。

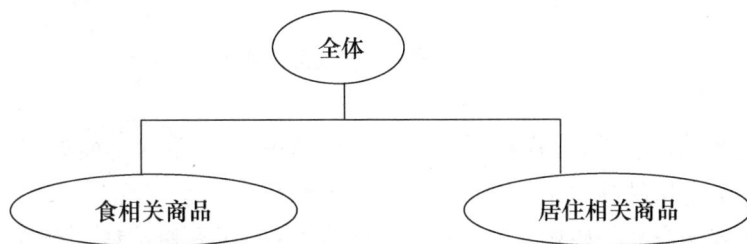

图 3-2 全体商品的体系

食相关商品体系，如图 3-3 所示。

居住相关商品体系，如图 3-4 所示。

从图 3-3、图 3-4 可以看出，超市商品可分为吃和用两类。可依据超市经营理念及方针对此做出最佳的商品组合，一般要考虑的问题有以下几点：

1. 出售消费者想要且需要的商品

所谓需要是指消费者在日常生活中不可缺少的商品，不外乎吃和用两类。如

```
                    ┌─────────────┐
                    │  食相关商品  │
                    └─────────────┘
          ┌───────────────┼───────────────┐
     ┌─────────┐     ┌─────────┐     ┌─────────┐
     │ 生鲜食品 │     │ 加工食品 │     │ 一般食品 │
     └─────────┘     └─────────┘     └─────────┘
      ┌───┬───┐        ┌─────┐        ┌─────┬─────┐
   ┌────┐┌────┐┌────┐ ┌────┐┌──────┐ ┌──────┐┌──────┐
   │果类││水产││畜产│ │日配││腌渍类││罐类加││糖果 │
   │    ││    ││    │ │    ││加工品││工品 ││饼干 │
   └────┘└────┘└────┘ └────┘└──────┘ └──────┘└──────┘
```

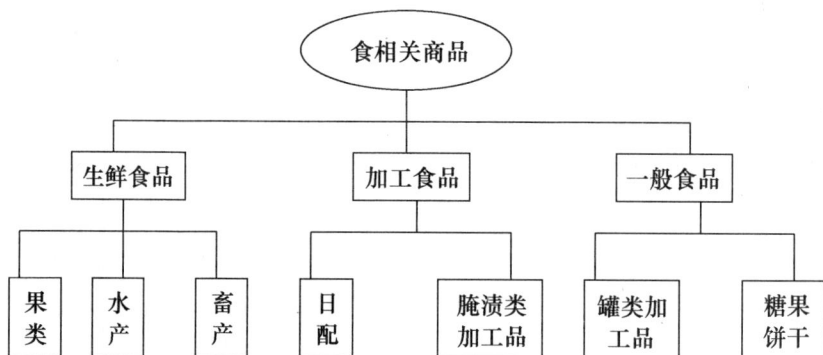

图 3-3   食相关商品体系

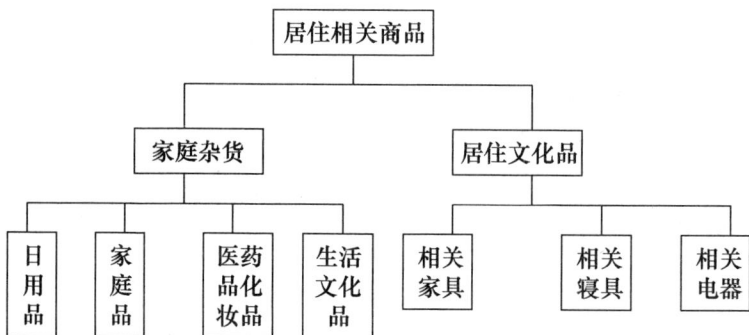

```
                 ┌───────────────┐
                 │  居住相关商品  │
                 └───────────────┘
            ┌────────────┴────────────┐
       ┌─────────┐              ┌─────────┐
       │ 家庭杂货 │              │居住文化品│
       └─────────┘              └─────────┘
     ┌───┬───┬───┐            ┌───┬───┬───┐
  ┌────┐┌────┐┌────┐┌────┐  ┌────┐┌────┐┌────┐
  │日用││家庭││医药││生活│  │相关││相关││相关│
  │品  ││品  ││品化││文化│  │家具││寝具││电器│
  │    ││    ││妆品││品  │  │    ││    ││    │
  └────┘└────┘└────┘└────┘  └────┘└────┘└────┘
```

图 3-4   居住相关商品体系

吃的方面有蔬菜、水果、肉类、鱼类、糖果、饼干等；用的方面如洗衣粉、牙膏、牙刷、厨房用品等。

顾客想要的商品，如夏天想吃一片冰凉的西瓜、喝一瓶饮料，春节想买个礼物去拜访亲朋好友等，超市经营人员要认真仔细地体会消费者的心思，设身处地去想一想把这些商品开发出来。

2. 建立商品的特色

随着收入与知识的增加，消费者要求人"物"的满足，转换成"质"的提升，从"购买商品"转换成"购物的享受"，购物已经成为消费者休闲生活的一部分。如何建立商品的特色是经营超市的重要课题。如组合菜或称配菜是超市兴起之初所推出的最具特色与传统市场最有差别化的商品（寻找差别点）。

3. 商品选择要符合确定的商品政策

当超市确定了商品政策之后，就要依此政策行事，如所要酝酿的气氛是新鲜又高级的，那么品质太差或鲜度不够的商品就不能上架，如商品政策是走大众化的路线，那么，一些太特殊或价位太高的商品就不能进货。

4. 开发更多能创造利益的商品

超市采购人员每引进一项商品，一定要思考卖这项商品能否赚钱，并从差别化着手去满足消费者的好奇心，降低消费者对价格的敏感度，这样，超市才可获得应得的利益。

（四）超市商品构成组合确定的程序

1. 商品总目录的完成

（1）请有关厂商来报价或提供资料，根据报价单或商品资料把每一类商品的品名、规格、价格（原价、卖价、同业的价格）、有效期特色等按本店商品归类予以编号输入电脑，便于管理。

（2）竞争后的访查。随时访问同业店，以便发现是否有本超市没有出售或在档案里尚未建立资料的商品，如果有则应抄录厂商的地址、电话，以便要求厂商提供资料。

（3）参观展览会。这是厂商推广商品的主要手段之一，超市管理者可以从中发现很多的适合经营的商品。

2. 陈列目录的完成

当超市商品依照商品政策完成体系后，就要决定各类商品群的结构比及配置方案。有了超市各项商品的配置图表后，必须从商品总目录中，选择要卖的商品，拟订超市的商品目录。在做这项工作时要考虑的因素，如表 3-1 所示。

（1）该项商品是否符合上述商品决定的要素，如果符合就可以引进，如果不符合，则宁愿舍弃也不选用，因为这样不但无法盈利，还要花费人力去管理（订货、进货、验收、付款、陈列、下架、入仓退货、发票处理等）。

（2）做好市场调查工作，了解该项商品在同行业间的销售情况，作为进货的依据，能取得资料最好，如不能则可以该商品在陈列架上的状况概括了解。

怎么了解，可以从以下几方面去考虑：

1）陈列面，如果陈列面大，则表示该商品的回转率较快，畅销。

2）清洁状况，该项商品如在陈列架上显得非常干净，则表示该项商品的周转率高。

表 3 - 1   陈列商品目录表

商标名称＿＿＿＿＿＿＿＿＿＿	商品名称＿＿＿＿＿＿＿＿＿＿	
特征＿＿＿＿＿＿＿＿＿＿	制造商＿＿＿＿＿＿＿＿＿＿	
制造商财务状况价＿＿＿＿＿＿＿＿＿＿＿＿＿＿＿＿＿＿＿＿＿＿＿＿＿		
地址＿＿＿＿＿＿＿＿＿＿	电话＿＿＿＿＿＿＿＿＿＿	
尺寸＿＿＿＿包装＿＿＿＿	容器形式＿＿＿＿＿	有效期限＿＿＿＿＿＿＿
每箱重量＿＿＿＿＿＿＿＿＿＿＿＿＿＿＿＿＿＿＿＿＿＿＿＿＿＿＿＿＿＿＿		
商品考虑	是否有标价处	是否适合货架摆放
是否事先标价目		
促销辅助	每箱成本	交货地点
出厂价格	零售价建议	运输日程
运费费率	运费补助	利润率
同类商品竞争情况＿＿＿＿＿＿＿＿＿＿＿＿＿＿＿＿＿＿＿＿＿＿＿＿＿		

3）标示的有效日期及制造日期，除非是新上市的商品，否则只要符合越接近制造日期，或离有效期限久远的商品，即表示该商品才进货不久，这一定是再进货的商品。

（3）厂商的行销策略是否符合需求，包括如下：

1）厂商有没有强大的广告诉求。

2）厂商能否配合超市的促销策略。

3）厂商能否给予较大的上架陈列费用以及较大的销售折让，如果符合这些要求，则可以考虑进货。

经过一段时间的营业之后，超市就可以从销售排行榜中发现商品的销售状况以及时调整陈列面积，做好调整后应再回到商品总目录中，重新做选择工作。

（4）商品制作规格书的完成。超市的商品中约有很大一部分商品，需要经过处理才能使"产品"转换成"商品"。所谓"商品化"就是将产品加以处理，包装分级后，赋予一个品牌、名称，再设定一个价格陈列在超市的货架上，运用广告、促销手段供消费者选购的整体过程，具体步骤：

1）决定各种产品的包装及容量。如出售葱重量该定多少克，用什么方式包装，要不要留根，葱尾要留多长。一般来说，决定包装状况与容量可以运用的方法如下：

①依据每户的平均人口，请教营养专家，从营养的观点设计数种包装，供消费者选择。

②访查同业，了解其包装容量，取他人之长用于自己经营。

2）商品制作规格书，这是将商品制作与处理方法标准化、文明化，规格书中应载明商品的品名、原料、重量、托盘代号、包装材料、方式、定价标准等。

（5）商品配制表的完成。所谓商品配置表就是用图表的方式将商品陈列位置及数量表示出来，供人们按此表进行陈列作业，这是商品陈列纳入规范化管理的主要措施。

商品配置表的具体内容详见本书第五章第二节商品配置表管理。

二、商品分类的目的与原则

（一）商品的分类

超市的特点是出售商品繁杂，小至数百种，多至几十万种，各项商品又有其不同特性，若将每一项商品皆评估考虑之后再予定价，往往不切实际且缺乏效率，故较有效的做法是把商品予以分门别类，分不同部门管理。同一类别的商品，其特性较一致，定价原则也相近，对于管理者而言，也易于管理并掌握业绩、利润。

商品分类可分为专业分类和商业分类。

1. 专业分类

依照产品的专业知识进行组合的分类方式。如从大分类而言，有食品（生鲜和杂货）和非食品两大类，食品的中分类则有软性杂货、干性杂货、日配、果蔬、沙拉吧、鱼、肉和面包等。非食品的中分类则有家电，服饰、鞋、休闲用品、办公用具等。小分类如干性杂货则有面、米、油、盐、南北货、奶粉、饼干、休闲食品等。

2. 商业分类

依照商业规则对商品进行组合的分类方式，主要是为了达到某种经济和社会的效益，可分为第三性商品、畅销性商品、稀有商品和大众化商品等。专业分类有利于产品的管理，而商业分类则是在专业分类的基础上进行的，两者相互渗透，不可分割，尤其是商业分类对价格制定起重要的作用。

（二）商品组合分类的目的

为了将商品分门别类予以归纳，在电脑系统里利用编号原则，有秩序、有系统地加以整理组合，以利各种销售数据资料的分析与决策，这便是商品组合分类的真正用意。

商品组合分类是针对超市经营所必须采取的商品策略。根据此策略，再依据商品群的固有特性组合为大分类与小分类。依据大小分类的销售资料，分析解读超市营运状况，达到管理的目的。

（1）生鲜要依据季节性变化来作商品组合。

（2）组合要广度，不要深度，且依据地区性消费形态不同而采取不同顾客层的组合。

（3）依据超市经营的业态如超市或仓储超市，来区分商品组合。

（4）大、小分类确定之后，不能随便变动，但商品组合可依据日均销售量每三个月作机动调整。

（5）完善商品组合，不仅要了解同业、熟悉自己，更要深入了解供应商及商品。

（6）依据市场通路、运销流程及价格走势，制定其商品组合。

（7）依据品牌知名度及市场占有率制定其商品广度。作为采购要求对市场高度敏感，随时掌握商品的流行趋势。

对品种繁多的商品进行分类，是超市科学化、规范化管理的需要；它有利于将商品分门别类进行采购、配送、销售、库存、核算，提高管理效率和经济效益；商品分类一般采用综合分类标准，将所有商品划分成大分类、中分类、小分类和单品四个层次，目的是为了便于管理，提高管理效率。

（三）商品的分类原则

商品分类并没有统一固定的标准，各超市可根据市场和自身的实际情况对商品进行分类。但商品分类应该以方便顾客购物、方便商品组合、体现企业特点为目的。

超市商品分类得当，则易于销售、管理、控制，故分类时，应多方面慎重考虑。一般而言，分类时要同时考虑超市及顾客双方的立场。对超市而言，其分类应能达到易于陈列、展示、推广、销售，易于管理，易于统计、分析和决策等。站在顾客立场，其分类应能提供选择购买的方便、消费或使用的方便等，故分类的原则可从商品来源、生产方式、处理方式、保存方式、使用方式、用途、动能、规格、成分、口味和价格带等来着手。

（四）商品分类的构成比分析

管理一个超市的商品，不能只知道全店的营业额和利润，也不能只顾及部门的营业额及利润。如不但要知道饮料类这个中分类的营业额及利润是多少，对于它所占的构成比也要了解，才能知道销售的弱点在哪里以及如何加以改善。所以当商品分类完成后，便可由预定的销售目标或实际业绩，分析各分类的销售构成比，再依每一类别商品的特性，拟订其价格政策，以预估毛利率水准，如此可将毛利率调整至合理满意的程度，再执行个别商品的定价。

三、商品分类

（一）大分类

大分类是超级市场最粗线条的分类。大分类的主要标准是生产来源、方式、处理保存方式等商品特征，如畜产、水产、果菜、日配加工食品、一般食品、日用杂货、日用百货、家用电器等。为了便于管理，超级市场的大分类一般以不超过 30 个为宜。

（二）中分类

着重于功能、用途、制造方式、方法、产地等区分。各中分类间属关联性分类，商品关联性不强，但陈列配置上最容易被使用，也是经营分析上的重点分析方向。其分类标准主要有：

1. 按商品功能与用途划分

如在日配品这个大分类下，可分出牛奶、豆制品、冰品、冷冻食品等中分类。

2. 按商品制造方法划分

如在畜产品这个大分类下，可细分出肉制品的中分类，包括咸肉、熏肉、火腿、香肠等。

3. 按商品产地划分

如在水果蔬菜这个大分类下，可细分出国产水果与进口水果的中分类。

超市商品分类明细样表可如表 3-2、表 3-3、表 3-4 所示。

（三）小分类

单品管理前最小单位、最细分类的管理单位，是以控制单品数量的前哨站，但一般于管理上尚少有商家使用，因易造成混淆且繁杂，令人有不切实际之感。

主要分类标准有：

1. 按功能用途划分

如畜产大分类中、猪肉中分类下，可进一步细分出排骨、里脊肉等小分类。

2. 按规格包装划分

如一般食品大分类中、饮料中分类下，可进一步细分出听装饮料、瓶装饮料、盒装饮料等小分类。

表 3-2　商品分类明细表（1）

中分类	细分类名称	中分类	细分类名称	中分类	细分类名称	中分类	细分类名称
饼干类	威化类	饮料类	茶饮料	果脯类	红枣类	面类	方便面
	酥饼类		蜂蜜类		水果脯		挂面
	曲奇类	面点类	面包类		鱼肉类	调味类	酱油
	小饼干		点心类	炒货类	黑瓜子		醋
	夹心类		月饼类		葵瓜子		味精
冲调类	奶粉类	异形类	膨化类		白瓜子		料酒
	豆粉类		米饼类		花生类		调味粉
	咖啡类	糕点类	沙琪玛		开心果		火锅料
	葡萄糖		夹馅类		豆制品		辣椒油
	晶类		蛋卷类		核桃类		酵母
	糊粉类		猫狗粮	散货类	散糖果		汤料
	麦片类	果糖类	糖果类		散果冻		蚝油
饮料类	乳酸类		条糖类		散糕点		沙司
	水类		配料类		散果脯		芥末
	碳酸类		巧克力	粮类	速食	保鲜类	熟肉
	果蔬类	果脯类	山楂类		米面		肠类
	八宝粥		酸梅类		杂粮	烟类	烟类

3. 按商品成分分类

如日用百货大分类中、鞋中分类下，可进一步细分出皮鞋、人造革鞋、布鞋、塑料鞋等小分类。

4. 按商品口味划分

如"糖果饼干"大分类中、"饼干"中分类下，可进一步细分出"甜味饼干"、"咸味饼干"、"奶油饼干"、"果味饼干"等小分类。

（四）单品

单品是商品分类中不能进一步细分的、完整独立的商品品项。如"355 毫升听装饮料"、"1.25 升瓶装饮料"、"2 升瓶装饮料"等，就属于三个不同单品。

单品化的管理，应该说是商品管理环节中相当重要的一个环节。对一种商品而言，当其品牌、型号、配置、等级、花色、包装容量、单位、生产日期、保质期、用途、价格、产地等属性与其他商品存在不同时，可称为一个单品。

表 3-3 商品分类明细表（2）

中分类	细分类名称	中分类	细分类名称	中分类	细分类名称	中分类	细分类名称
厨房洗涤	洗洁精	整发用品	摩丝	内衣	棉毛衫裤	床上用品	枕芯
厨房洗涤	油污剂	整发用品	焗油	内衣	汗衫	床上用品	枕套
厨房洗涤	洁厨宝	整发用品	啫喱水	内衣	儿童内衣	床上用品	被单
浴室洗涤	香皂	整发用品	染发剂	小针织	手套	床上用品	床单
浴室洗涤	洗发水	整发用品	发乳	小针织	袜子	床上用品	多件套
浴室洗涤	浴液	护肤用品	防晒	小针织	丝袜	床上用品	毛巾被
浴室洗涤	洗面奶	护肤用品	冬季防寒	小针织	内裤	床上用品	毛毯
浴室洗涤	洁厕液	护肤用品	日常保养	小针织	婴儿用品	床上用品	被类
衣物洗涤	肥皂	卫生用品	纸制品	小针织	胸衣	床上用品	靠垫坐垫
衣物洗涤	洗衣粉	卫生用品	卫生巾	小针织	鞋垫	休闲服饰	衬衣
衣物洗涤	柔顺剂	卫生用品	婴儿尿裤	毛浴巾	毛巾	休闲服饰	T恤
衣物洗涤	衣领净	化妆用品	红唇线	毛浴巾	浴巾	休闲服饰	领带
皮革保护	鞋油	化妆用品	眼影眼线	毛浴巾	沙发巾	休闲服饰	休闲上衣
皮革保护	皮革光亮	化妆用品	粉底腮红	毛浴巾	枕巾	休闲服饰	裤子
皮革保护	家具保护	化妆用品	眉钳睫夹	毛织品	毛线	休闲服饰	休闲包
牙膏牙刷	牙膏	化妆用品	爽身粉	毛织品	毛衣	鞋类	凉拖
牙膏牙刷	牙刷	化妆用品	粉扑	毛织品	毛裤		
芳香消毒	清新剂	化妆用品	花露水				
芳香消毒	杀虫剂	化妆用品	指甲油钳				

　　那么，为什么要进行单品管理？单品管理是相对于传统的对商品实行的柜组管理、大类管理而言的。

　　实行单品管理的好处主要有：

　　（1）便于管理人员准确、全面、实时地把握每一单品卖场销售业绩的细节，为科学决策提供支持。

　　（2）便于对销售业绩排名位于前列的单品实施重点管理。

　　（3）便于根据实时、准确的卖场销售信息调整单品结构和商品配置表。

　　（4）便于根据前期销售信息预测后期商品销售变化趋势，及早组织货源，开发和采购对顾客有价值的商品，同时降低商品脱销风险。

　　（5）便于压缩库存，排除滞销商品，并且提高库存的保障程度，加快商品

表 3-4 商品分类明细表 (3)

中分类	细分类名　称	中分类	细分类名　称	中分类	细分类名　称	中分类	细分类名　称
塑胶制品	盆	百货	保鲜类		熨烫类	电工电料	插座
	饭盒		壶类		电吹风		电工辅料
	篮子	体育用品	牌类		榨汁机	电池类	碱性电池
	台布		球类		豆奶煲		7#、5#、2#、1#
	熨衣板		棋类		电热水瓶		扫机电池
	衣架		球拍类		自动饮水机		可充电池
	桶类		健身器材		烘烤类		专用电池
	家用组合	季节用品	夏季用品		剃须类	季节性商品	夏季商品
	塑料杯子		冬季用品		电热杯		冬季商品
	夹子粘钩		空气调节类		制冰器	保健品通信器材	文具盒
	梳子镜子		微波炉		加工类		按摩盒
	簸箕	家用电器	电饭锅		电磁炉		有线电话
	凳子椅子		消毒柜	照明灯具	照明类		无线电话
	垫子		电烤箱			婴儿用品	婴儿用品
	浴盆						
	皂盒		电热水壶		灯具类		
	托盘						

库存周转率。

(6) 便于根据单品销售中的物流成本信息,优化物流作业,降低单品的物流成本。

(五) 超市商品分类与部门别的关系

(1) 确定商场的路线。

(2) 依照超市门店的路线提出所有销售品项的分类别 (所谓分类即一个大的方向,包含关联性、使用特性、快速分别) 称为部。如家电部、服饰部、生鲜部。

(3) 分类提出后开始分大类,所谓大分类,即分类 (部) 再次依照其商品特性再分类。

家电,如视觉商品、音响商品、小家电、家庭电器。

服饰,如鞋、女装、男装、床上用品、婴儿用品。

（4）再分中分类：中分类为大分类再次依特性分。

视觉商品，如 TV、DVD。

鞋，如拖鞋、布鞋、男鞋、女鞋、童鞋。

（5）再分小分类：小分类为中分类再次依特性分别假设数量。

如拖鞋：

1）男拖鞋室内。

2）男拖鞋室外。

3）女拖鞋室内。

4）女拖鞋室外。

5）童拖鞋室内。

6）童拖鞋室外。

有了部门别，大分类、中分类、小分类，我们就依照此特性作商品组织编码管理。所以每单品都有代码不会出错，至于正确代码须采购人员商量后确定如表 3 - 5 所示。

表 3 - 5　超市商品分类与部门别的关系表

商品分类	大部	分部	大分类	中分类	小分类	流水码
部别代码	1	0	2	4	6	010

四、品类管理

（一）品类管理的目的

品类管理的实质或目的无非是根据目标顾客的需要在现有的商品中选择符合超市策略的商品，使有限的资源（货架、人力、组织流程、资金、库存结构）产生最大限度的利润或效力。不同业态有不同品类管理策略，同时由于中国消费品的丰富度和消费者需求尚未细化到欧美国家的程度，因此品类管理这一"舶来品"在中国需要本地化，而不是照搬。判断的惟一标准就是目前消费者的需求。

以品类管理中的陈列为例，碳酸饮料的品牌集中度和顾客的品牌忠诚度非常高，而不同产品的功能差异却很小，只是在包装规格和形式上有较大差异。因此，在陈列此类商品时基本以品牌和包装为主线，一般不以该类产品的功能来陈列。国内超市对洗发水这一品类商品基本上是按"舶来品"的方法照搬，陈列时以产品的功能为主线，以品牌为辅，即将二合一的不同品牌的洗发水摆在一起，将去头屑的不同品牌的洗发水摆在一起，而不是将同一品牌的不同功能的洗发水摆在一起；同时在商品选择上根据某一功能的洗发水的消费群的数量大小决定引进多少个具有该功能的洗发水的 SKU（超市商品的一个惟一编号）数，而不是每个品牌分配多少个 SKU。

由此看来，商品本身具有功能（使用价值）、价格、规格、包装、品牌、颜色、形态等多种属性，在决定某类商品结构时要以该类商品的主要属性（或称商品结构主线）决定该分类商品的宽度。如品牌作为该类商品的主要属性，则在该类商品中应该是品牌数量最多，而其他属性（如规格、功能等）就不必要考虑太多，但仍要综合考虑各个属性之间的搭配，如价格带、规格带以及功能带等。随着时间的推移，商品结构主线会发生变化。

品类管理概念非常宽泛，涉及品类现状的总结、目标顾客分析、品类调整、货架陈列、库存结构调整、调整结果的分析等。目前国内在品类管理上还存在几个常见误区，如许多超市把商品选择及商品陈列完全交给供应商（尤其大品牌厂商在陈列上几乎可以按自己的意愿行事）来处理，完全以品牌为商品结构主线。要知道制造业的品类管理和零售业的品类管理无论在目标上还是方法上都有较大的差异。零售企业必须要有责任感，要对消费者的需求负责。再就是品类管理理论的僵化应用，如一般父母在婴儿奶粉选择时不愿意将自己的孩子作为实验基地而轻易更换品牌，因此品牌的忠诚度很高。而该类商品的品牌集中度又不高，因此商家最好多选几个品牌，而且每个品牌的 SKU 数不能太少。可见对婴儿奶粉这一品类而言就不能完全照搬某些理论。

（二）品类管理 30 与 70 之间

通常情况下超市 70% 的销售额是由 30% 的商品完成的，而 20% 商品产生 80% 的销售多数情况下仅是一个理想化的状态。如何区分和管理 30/70 商品，合理调整商品结构，有效利用资金，并通过科学的定价和有针对性地丰富商品货架陈列，从整体上提高公司的总销售，是我们所要研究的新课题。

1. 30/70 商品的数据提取

数据提取的最小分类单位为各商品组的小分类。如大分类为洗化类，中分类为洗涤清洁类，小分类为洗衣粉，那就以最小分类"洗衣粉"为依据提取数据。这样既可以避免通过大分类或中分类提取数据时有遗漏的现象，也可减少某些小分类因商品本身的特性（如销量不多）造成的误差。

（1）提取的是总销售数据，即所选定的商品小分类中所有正常商品（已淘汰的商品除外）的销售数据，一般以 3 个月为期限，取样时间跨度越长，相对最终的结果会更准确。

（2）要提取"30商品"，根据分类商品的销售量排序后，将该小分类总品种数的30%的单品定为该小分类的"30商品"，并将所提取的各"30商品"的销售数据求和。

（3）求出各"30商品"的销售合计占该小分类商品总销售的比例，依此分析该分类商品的结构是否合理。"30商品"中提取5%~8%商品以销售量高低排序，作为敏感和必备商品。

2. 30/70商品的数据分析

如果该分类商品销售所占比例在70%~90%，说明商品品种结构基本合理；如果销售所占比例大于90%，说明商品品种太少，价格链不合理，商品销量的实现仅仅集中在极少数敏感的低毛利商品或特价商品上，这将直接影响公司的盈利能力。

解决方法如下：

（1）加快新品的引进，丰富商品的选择余地。

（2）调整商品陈列，提高敏感商品的销售机会。

（3）调整价格链及加大促销力度，提高商品的销售能力。

3. 各级别商品的价格定位

（1）敏感必备商品（按"30商品"的5%~8%提取）的价格定位。毛利率一般控制在进价的5%之内，采用低于竞争对手的定价策略。超市可利用这些低毛利商品吸引更多的客流，从而带动其他商品的销售。同时，可通过提高商品的周转率，增强企业对供应商的议价能力，以获得更多的价格折扣。一般采用累计订货批量折扣、销售奖励折扣和年终返利等形式。

（2）30/70商品的价格定位。在没有市场竞争价的条件下，按分类平均毛利率水平下浮1%~5%；在有市场竞争价的条件下，比竞争对手价格下浮1%~5%。

（3）20/20商品的价格定位。以分类平均毛利率水平定价，食品10%~20%，非食品20%~30%。

（4）10/50商品的价格定位。按分类平均毛利率水平上浮30%~50%。

（5）30/70商品的结构调整。30/70商品因季节变化或其他因素，一般3个月需要重新制定一次（每月做微弱调整一次），采购部门也可每月按各小分类的销售排行，进行末位10名淘汰，并以淘汰一个补充一个的速度引进新品。

案例分析

以下通过提取某超市的洗衣粉小分类的销售数据，更清楚地对商品的品类管理做具体解释：

某超市洗衣粉小分类总的品种数量为 44 个，平均月销售能力为 30 万元左右。按商品品类划分，"30 商品"品种数量为 13 个（44×30%），平均月销售能力为 21.6 万元左右，占月销售额的 72%（21.6/30）；"20 商品"品种数量为 9 个（44×20%），平均月销售能力为 5.4 万元左右，占月销售额的 18%；"50 商品"品种数量为 22 个（44×50%），平均月销售能力为 3 万元左右，占月销售额的 10%。按"30 商品"的 8% 提取敏感必备商品数量为 1 个，平均月销售能力为 6 万元左右，占月销售额 20%。综上分析，该分类商品品种结构基本合理。

五、商品编码

(一) 条码知识

1. 商品身份的编号

商品条形码就是将产品的编码数字改为平行线条的代码，以便让装有扫描器的机器能阅读，通过电脑将条形码再转化为数字号码来处理。所以必须给每一商品编一号码，我们称其为商品身份证号。

商品条码分国际码（又称自然码）和店内码两种，其中国际码有 EAN 和 UPC 两种，中国采取的是 EAN 制。EAN 又有 13 位码和 8 位码，其含义如下：

EAN 13

×××　×××××××××　×

国家码　　　厂商码　　　产品编码　　　校验码

EAN 8

×××　×××××　×

国家码　　　厂商码　　　校验码

除国家码之外，还有内部流通的店内自编码。店内码以"2"开头，有普通店内码和生鲜的称重码。

2. 常用条形码由 13 位数字组成

主要国家及商品类别的条形码如下：

（1）690—693（中国）。

（2）20—29（店内码）。

（3）489（中国香港）。

（4）4719（中国台湾）。

（5）888—83（意大利）。

（6）30—37（法国）。

（7）87（荷兰）。

（8）45、49（日本）。

（9）400—440（德国）。

（10）958（中国澳门）。

（11）76（瑞士）。

（12）50（英国）。

（13）888（新加坡）。

（14）978、979（图书）。

（15）980—982（流通票据）。

（二）EAN 与 UPC 编码

UPC 编码主要在美国采用，而 EAN 编码则是一套国际认可的编码系统，通行世界。迄今，逾 70 个国家采用 EAN 码，遍及整个欧洲、澳洲、南非、日本、新西兰及亚洲国家。EAN 和 UPC 编码基本上兼容，一个 EAN 编码由 13 位数组成，而一个 UPC 编码则由 12 位数组成，如表 3 - 6 所示。

表 3 - 6　国际编码结构表

EAN 国际编码结构（13 位数）	UPC 美国编码的结构（12 位数）
13 12 11 10 9 8 7 6 5 4 3 2 1 P P P M M M M I I I I I C P P M M M M M I I I I I C	12 11 10 9 8 7 6 5 4 3 2 1 （0）P M M M M M I I I I I C
PPP ——国家/地区字首 MMMM ——厂商编号 IIIII ——产品编码 C ——终检码	P ——识别种类号码 MMMM ——厂商编号 IIII ——产品编码 C ——终检码

使用扫描技术对零售方面有两大主要效益。就具体方面而言，采用了扫描系统，能够节省输入的工作量，减少雇员人数。至于无形的效益，则可以把货品控制得宜，并且掌握更准确的存货情况。以往需要数天甚至数星期才能得到的营业资料，在扫描系统协助下，每天都可取得最新资料。

（三）店内编码

商品编码：10 位编码

＊＊	部门号
＊＊＊＊	商品大类
＊＊＊＊＊＊	商品中类
＊＊＊＊＊＊＊＊	商品小类
＊＊＊＊＊＊＊＊＊＊	单品

店内码：前两位一般在 20 ~ 30。

（四）条码印刷及粘贴位置

为保证正确地识别条码，方便售货人员，条码必须选择适合的印刷及粘贴位置。条码印刷位置选择一般是：

（1）商品包装主显示面的右侧。

（2）与主显示面相连的平面。

当其余平面没有地方放时，应放在包装的背面。主要的原则是确保条码不变形，不折皱，方便操作，同时兼顾美观。

（五）使用商品上已有的条码

一般来说，规范厂家商品上的条码都比较符合规范，可以直接使用。但国内商品上的条码由于种种原因。不符合规范条码、重码等现象屡有发生，由于印刷的原因或条码颜色搭配不当使条码阅读器无法阅读的现象经常出现。因此，在使用条码扫描销售商品前，必须对每一种商品的条码进行仔细的检查。最简便的方法就是用条码阅读器对每一种商品进行扫描，剔除重码或无法读出的条码，并对该类商品重新贴上由用户自己制作的"店内码"。看起来这是一个很简单的问题，但如果工作没有做好，就会影响数据的准确性，甚至会造成某些商品无法使用条码扫描销售。

鉴于商品上的条码经常出现的问题，应从采购、收货、上货及收银等环节进行把关。

（六）店内码的使用和制作

在使用条码管理的超市中，有两种做法：

（1）无论商品上原来有无条码，一律使用用户自己制作的"店内码"。

（2）充分利用商品上原有的条码，对没有条码的商品才标上用户自己制作的店内码。

前一种做法基本适合中高档商场或专卖店，后一种做法基本适合所有超市和连锁店，因为商品价值较低、商品销售量大，全部使用店内码会增加商品的成本，从而不利于超市和连锁店的商品销售。当然，后一种做法对所有商场也都是适用的。而全部使用"店内码"的好处是可以根据用户自己对管理商品的要求来编制"店内码"，从而达到用户自己的管理要求。另一个好处是可以采用流水作业自动生成店内码，提高了条码制作效率。

"店内码"的编制，应按照中国物品编码中心的规定来进行。有些用户还不知道"店内码"的编制规定，这就需要有关部门加以宣传和普及。制作"店内码"必须配置专用条码打印机，最好是采用能与计算机接口的条码打印机，可以通过预先编制好的程序来制作所需的"店内码"。从而减少人工输入的差错，并可大大提高工作效率。如果用户全部使用"店内码"，则可通过 POS 系统中的应用程序采用流水作业法自动生成店内码，使条码制作更方便、更省力，效率更高。

（七）扫描器

1. 扫描器种类

手持式，平台式。

2. 扫描器有效范围设定

短，中，远。因收款机种类较多，延迟时间设为低，屏蔽其他条形码，如工业码，三九码，128 码，如扫描对讲机上条形码，能打开钱箱。

3. 扫描角度

垂直 5 度范围内为死角，最佳角度 45 度~60 度，经常清洁扫描器。

（八）条形码问题处理程序

（1）每天检查，发现问题。

（2）填写条形码问题表。

（3）交给采购部。

（4）采购部修改。

（5）无问题条形码供店面使用。

（6）每天扫描上进条形码，有助于超市在顾客购买之前发现并解决这些问题。

（九）条形码问题

在全面使用电脑系统支持超市运作的情况下，营运中的条形码问题显得至关重要，尽管收货部在收货时能够确保条形码都是有效的，但仍会有少量问题进入销售区，这些问题将直接影响商品的销售（包括顾客服务）库存的盘点以及现有库存状态，为此各超市门店各区域员工需每天进行商品的条形码检查，并确保在开始营业前得以妥善解决，认真、细致的工作会有利于条形码问题的解决。

第二节 商品组织表

通过了解商品组织表，掌握分类商品销售的分析和促销，充分利用组织表管理商品。

一、商品编号

为了识别每一项商品，须给商品一个编号。并且以此制定商品组织表将商品分类及编号，以帮助超市做资料统计。

二、商品组织表

组织表是一种以编号方式来将商品依不同的属性、用途等归类，这对每一个分类的销售计算有很大的帮助。如首先要将商品以区域分类，即生鲜、杂货、非食品。

（一）区编号

一位，如表3－7所示。

表3－7 区编号表

生鲜区	杂货区	非食品区
01	02	03

（二）部门编号

一位。在每个区域里，将商品按部门归类，如图3－5分类结构所示（依据门店规模大小及商圈状况进行取舍）。

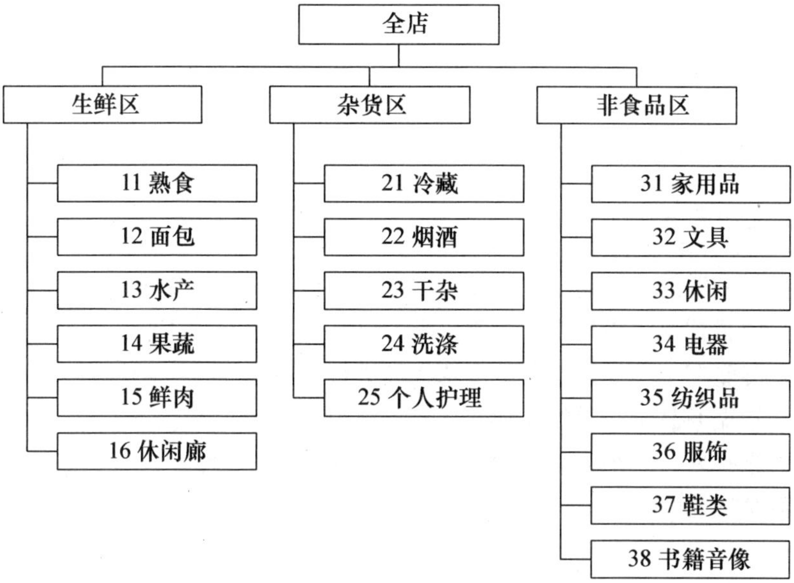

图 3 – 5 部门编号分类图

三、商品分类

如前所述，根据商品的属性、用途将商品归入不同的大分类（两位）、中分类（两位）。在中分类里，依据顾客的需求划分小分类，顾客需求 = 商品小分类。

单品。针对每个小分类，超市为顾客提供不同的商品选择（两位），如表 3 – 8 所示。

表 3 – 8 商品分类表

分区	部门	名称	大分类	中分类	小分类	单品	数量
01							
	13	面包					
			01	03	08		
						53	8

所以组织表是由十个数字组合而成。

前两个数字代表：分区，部门。

接下来两位：大分类。

再下来两位：中分类。

再下来两位：小分类。

最后两位：单品编号。

四、组织表原则

（1）依顾客的主要需求为优先。如超市销售笔，但不销售高档名牌笔。

（2）将目标集中在高销售量的单品上（依小分类），如使用80/20法则。

（3）尽量在中分类或小分类里选择高销售的单品。

（4）遵循商品组织表的品种数。查看组织表。

（5）选择后，组织表赋予每个小分类正确的商品数量。不要忘了，将每一单品正确地归入小分类。

第三节　商品定位与选择

一、产品调查与有效选择

关于单品选择的参考理论——产品生命周期，如表3-9所示。

表3-9　产品生命周期表

阶段	特点	状况	对策
投入期	试销，介绍	尚未被接受与认识，销售不稳定	谨慎进货，代销
成长期	发展，畅销	产品定型，销量增长	扩大进货，促销
成熟期	相对饱和	受到广泛认知，销量稳定	保持库存与销售比例
衰退期	滞销	被替代，淘汰，销量减少	清理库存，更换单品

（一）不同产品其生命周期不同

（1）电器产品。更新换代较快，新产品推出快，生命周期较短。

（2）休闲食品。市场相对稳定，生命周期比较长。

（3）基本食品。生命周期长。

（4）保健（用）品。生命周期一般较短，新产品推出较快，尤其有些产品过早夭折。

（5）季节服饰、季节性商品。

（6）非季节服饰。周期一般较长，尤其面料为相对成熟产品。

（7）生鲜食品（非加工）。随季节变化。

（8）生鲜（加工）。相对较长，新产品经常介入市场。

（9）家用百货。周期相对较长，但也不断有新产品介入。

（10）文体用品。周期相对较长，但也不断有新产品介入。

（11）洗涤用品。周期相对较长，但也不断有新产品介入。

（二）变异的产品生命周期

1. 重复性消费的名优产品

成长期和成熟期要想保持很长一段时间，就得在产品改进、促销方式变化方面下功夫，才能长久不衰。

2. 名优厂牌或商标系列产品

非重复性消费商品，随市场保有量的增长其销售量逐渐减少，应注意其更新换代的时间性及相关系列产品推出后的市场前途，掌握销售和进货的最佳时机。

3. 短期畅销产品

为特殊事件或季节的产品，提前做好销售预测以及进货、销售、清货的计划，时间性很强。

4. 早期夭折产品

刚进入成长期就夭折，原因有替代品出现、市场变化等。

（三）评价商品优劣

1. 发展性

处于生命周期的成长阶段及成熟期初期阶段，主要指标是行业销售增长率。

2. 竞争性

主要指标有：商品质量、价格、进货成本、包装、服务、产品的市场占有率。

3. 营利性

主要指标有：利润、利润率、毛利率与利润。

（四）选择单品的理由

（1）前期销售资料与数据。

（2）销售预估。

（3）质量。

（4）价格：进价—售价—毛利率。

（5）渠道：供应商评估 A，B，C，D。

（6）相关证明文件：销售许可证、卫生许可证、权威机构认可证书等。

（7）陈列。

（8）信守合同。

（9）结算方式。

（五）商品评估象限法

商品评估象限法，如图 3-6 所示。

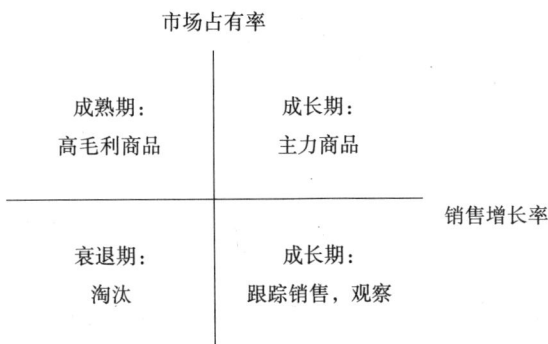

图 3-6　商品评估象限法图

（六）淘汰滞销商品

（1）顾客爱好的变化。

（2）竞争商品大量涌现。

（3）更好的替代商品的出现。

（4）商品过于陈旧没有改变。

（5）促销不当。

（6）包装没有吸引力。

（七）淘汰商品

（1）即时取消。

（2）售完即取消。

（3）暂时取消。

（4）替代取消。

二、有效选择商品

（一）超市政策

高度回转优先。

高回转 = 销售数量 ÷ 单品数量

超市需要选择数量有限但品质良好的单品。

（1）超市与供货商有相同的目标：增加销售量。

（2）供货商希望其所有的商品被选上。

（3）超市应在商品的选择上有所限制。

（4）超市销售的商品必须是优质商品。

选择最佳的 20% 的单品数量，可创造 80% 的销售额。为什么要有限地选择商品，如表 3 - 10 所示。

表 3 - 10　选择数量有限但品质良好的单品说明表

对顾客来说	对超市来说
明确清晰的选择	增加每一单品的销售量
清楚的商品排面	可以得到更好的采购价格
选购更加方便	便于管理

（二）顾客的需求

在商品结构表中，依小分类来作为顾客基本需求的归类单位。

（1）顾客的一种需求就是一个小分类。

（2）每个小分类是由数个供货商所提供的若干单品所组成：一个小分类包含一种或数种单品。

（3）超市的工作就是在供货商所提供的商品中挑选出最好的单品，确保每种商品的品质。

（三）商品的选择

1. 价格带宽度

考虑到顾客对商品的价格承受能力，超市不是高档名牌商品商场，但也绝不销售质量低劣的商品。

掌握每一个小分类的价格宽度，可以通过询问供货商和调查竞争者来确定。

2. 在小分类中选择数种单品

（1）最低价的单品。在此小分类中，该项商品为市场上最便宜的，因为许多顾客只在乎价格。

（2）中间价位。大部分商品还是通常价格。

（3）高价位。通常是该小分类的优秀者（还有自有品牌或 OEM 产品）。

3. 小分类的单品数

（1）在价格宽度中有多少个单品。单品数量须依照商品结构表，尊重并遵守共同的商品组合。价格宽度如表 3 – 11 所示。

表 3 – 11   价格宽度表

市场占有率	最好的价位 10%		中间价位 65%				名牌或高价 25%	
单品品种数		2	3	5	8		1	1
价格（元）	0	20	30	50	60		80	100

（2）单品数量依小分类的销售量来确定，如表 3 – 12 所示。

表 3 – 12   单品数量依小分类的销售量列表

部门	小分类	月销售量	单品数
杂货	果汁类	93000	25
	咖啡饮品	30000	5
家用百货	衣架	3000	20
	熨衣板	150	6

4. 价格点

（1）顾客购物时，有自己的心理价位。

（2）选择单品时，要考虑价格点，也就是顾客的购买点。

（3）做排面时，小类商品按价格陈列。

（4）这样做的好处是：顾客容易选择。

5. 500 种绝对低价商品列表

（1）应考虑到每个小类商品。

（2）经常性的市场调查。

（3）与供应商再次洽谈进货价格。

（4）及时调整价格，以保证优势。

除了商品的价格带以外，根据顾客的多样性需求超市要保证商品适应性的宽度。

三、如何调整商品组合

销售实际往往与预期有差异，超市应依照销售数量表或畅销、滞销表来调整商品结构。

（一）高销售

（1）检查商品排面是否足够。

（2）经常性地做促销。

（二）中销售

（1）加大促销力度，提高中销售商品的销售。

（2）检查毛利。

（3）做竞争者市场调查，如有必要，调整商品售价。

（4）与供货商协商进价。

（5）检查类似的产品市场上是否有更便宜的，若有，取消它。

（6）检查进价和毛利，保留它并注意其销售量。

（7）若以上的方式仍无法改善，检查是否有较便宜且相似的产品来替代。

（三）低销售

（1）检查下列各点。

1）不符合市场需求。

2）品质不佳。

3）售价过高。

4）排面不够长。

5）商品陈列在错误的分类里。

（2）对于低销售，售价低，检查是否品质太差，如果是，取消它，另选一种单品。

（3）对于低销售，售价高，是否进价太高，如果是，选择替代品。寻找有无改善的办法，如果不能，则取消该单品。

1）注意不要太快取消一个新进的单品。

2）如果有任何疑问，须由两个管理层决定。

3）为满足顾客的需求，有些低销售量的商品也应该保留在分类里。

第四节　商品结构、规划与调整

一、商品结构

（一）商品结构原则

1. 一次购齐与商品结构

（1）顾客要求。一次购齐。齐全、品种多，方便、放心，便宜、简单。

（2）品种多。单品销量及库存减小（分散），难盘点，销售难，占用过多排面，单品采购量小，资金占用增大，增加损耗。

（3）数据显示。顾客80%的消费集中在20%的商品；日常80%的用品、食品消耗也集中在20%的商品上；20%的品牌商品往往吸引80%的消费者。

（4）商品结构。消费频率高的商品，小类覆盖顾客需求大众品牌。

2. 从顾客的角度考虑，建立适合的经营模式

保持顾客基本需求的一定比例（顾客的主要需求），保证顾客对商品的配套需求（购买的连贯性）。

（1）针对竞争者。销售规模和盈利。

（2）保证回转。

（3）商品结构与毛利率、毛利额。

（4）季节性商品。

（5）新产品。适应顾客需求的改变。

（6）保持80/20原则。

（7）价格与质量。降低营运成本，易于管理，降低损耗，质量优先原则。

（8）低价策略。以大众化商品为主，占80%。

（9）优质名牌商品树立优质平价形象，占20%。

（二）影响商品结构的主要因素

（1）消费结构。

（2）产品供给。

（3）价格和批量。

（4）季节变化。

（三）商品结构分析检查

（1）品种数和所占比例。

（2）库存量和比例。

（3）价格档次和比例。

（4）销售量和比重。

（5）总销量。

（6）产品进货价格和结款方式。

（7）滞销商品比例。

二、商品结构的分类

（一）商品结构大分类与中分类

1. 商品结构大分类

（1）生鲜食品。满足核心商圈顾客饮食需求。

（2）杂货食品。面向核心商圈，次级商圈顾客每周消费需求。

（3）非食品。核心商圈，次级商圈，乃至边缘商圈生活用品需求。

2. 商品结构中分类

（1）沙拉吧，熟食，凉菜，配餐，卤水，烧烤。

（2）水产，活淡水鱼，冰鲜海鱼，干鱼制品，熏腊肉制品，肉丸制品。

（3）果蔬，国产水果，进口水果，叶菜，蔬菜，散装汤料，调味品。

（4）面包，蛋糕，馒头，半成品加工，成品面包糕点。

（5）鲜肉，肉制品，配菜。

（6）烟酒类，国产烟，进口烟，啤酒，国产白酒，洋酒，米酒。

（7）饮料，汽水，果汁饮料，饮用水。

（8）奶制品，儿童饮品。

（9）冻品，面食类，火腿肠类，冷藏类，冷冻类，冰激凌。

（10）干货食品。

（11）休闲食品，饼干类，糖果类，酥卷类，小食品，膨化食品，保健食品。

（12）茶类，固体饮品，奶粉类，糊类。

（13）基本食品，米面制品，干菜。

（14）散装食品。

（15）个人护理用品。

（16）家居用品，小家具，家用五金。

（17）厨房用品，不锈钢制品，玻璃制品，搪瓷制品。

（18）洗涤用品，洗涤剂，纸品类。

（19）文体用品，办公用品，文具，体育用品，单车。

（20）电器。

（21）音像书籍，家用百货，文化用品，休闲，非季节服饰，季节服饰，鞋等。

（二）主力商品与辅助商品

1. 主力商品

在市场上具有竞争力的商品，包括知名品牌、畅销商品、当地认同商品。

（1）顾客需求量大，销售比重大，价格优势，良好的货源供应。

（2）覆盖每个类别（小类）。

（3）基于80%的顾客需求。

2. 辅助商品

主力商品的补充。

（1）使主力商品更加丰富，提高类别（小类）规模，满足顾客的多元化需求。

（2）季节性和流行性。

（3）更好的价格点。

3. 关联商品

与主力商品相关联的配套商品。

（1）围绕主力商品。

（2）增加中类商品规模。

（3）满足顾客连续性购买。

（三）500 种不可超越商品列表

（1）每个类别（小类）。

（2）市场调查。

（3）进货价格。

（4）价格调整。

三、商品结构组织

商品结构组织，如图 3-7 所示。

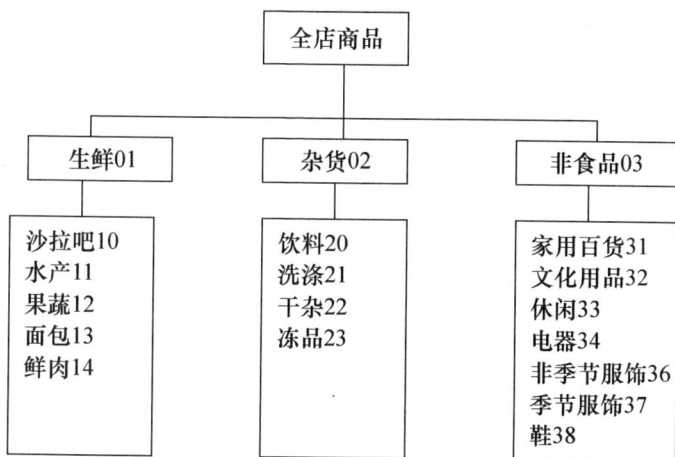

图 3 - 7 商品结构组织

四、商品规划

（一）商品选定

（1）品牌商品是非常重要的。

（2）某些商品有许多种规格及尺寸，某些规格和尺寸可形成最大的销售额。

（3）商品货架空间的分配是非常重要的。

（二）货架空间分配的两个因素

（1）销售量。

（2）商品种类的广泛性。

（三）货架空间分配的原则

（1）可能的销售潜力。

（2）商品的规格。

（3）当地的市场资料。

（4）可参考的资料、销售记录、历史状况等。

1）以销售为主导，好的商品得到较多较好的空间，差的则相反。此原则从商品一直延伸到细分类、分类、部门。

2）超市里最珍贵的就是货架空间，所以每一货架空间一定要有满意合理的销售汇报。

3）针对好卖的商品，要有足够的空间以造成视觉的冲击力。

4）一个想要经营好的超市，要有适合的商品种类来涵盖超市。适合的商品是指大部分消费者需要和想要的商品。

（四）商品选定的过程

以细分类的层次来进行，包括品牌、规格和尺寸。

（1）对细分类下的产品，初步选择商品，对部分品牌商品进行删减。因为超市货架空间有限，因此超市要帮助客户做一些决定。所以，可供选择的商品数量要超过计划选定的商品。

（2）必要时可以进行第二轮商品的选定。选时对悬而未决的商品根据货架分配空间的原则再次进行选定。

切记，整个选定过程将是非常烦琐的，所以超市的采购部门要提供更多的选择。

五、商品组织原则

为确保采购工作的成功，除了保证价格的竞争力外，最重要的便是商品的组织，正确的商品组织必须以客户群的需要来决定。通常的原则如下：

1. 种类

商品种类力求齐全，品项力求宽广。应选择80%客户群需要的商品，避免选择冷门的商品，尽量以回转快、销售量大的商品为主力。如果卖场面积较大，对于边际效益的追求，应该做出更多的努力。

2. 结构

无论什么种类的商品，都存在着一个组织结构，通常卖场中的商品群，主要由大众认同的、畅销的主力商品，知名度较低但价格有优势或者有个性的辅助商品，强调款式及品位的诱导性商品三部分构成。

一般而言，大型超市畅销品约占30%，辅助性商品约占60%，诱导性商品约占10%。

3. 质量

质量良好的商品是买卖的基础，质量必须是物有所值，杜绝采购不良率高的商品，杜绝因满足低价位的要求而直接采购低质量的商品。

4. 档次

档次在超市中通常是指价格档次，虽然商品档次包含复杂的内容，如设计、美感、材质、功效等，但价格是代表，是卖方最真实的追求，是限制顾客购买行为的决定性因素。

超市面对大众消费者，其商品多以中低档为主。在这里须特别强调低档商品的确定应格外小心，质次价低的商品绝不可以采购。相反，不懈地挖掘质优价廉的商品，提供超值的服务，才是商品采购的最高境界。

5. 退货

原则上，不鼓励退货给供应商，因为退货会增加供应商的负担，也会间接增加超市未来的进货成本。但对于新产品或促销品，超市应事先与供应商有所约定，若在一定时间内的销售量无法达到供应商建议的数量，超市有权在保留部分供销售的库存后，将其余的存货退还供应商。

超市卖场内的商品陈列是运用商品配置表来进行管理的。商品配置表是把商品的排面在货架上做出一个最有效的合理分配，以画面表格规划出来。在当今信息时代，商品配置表可以通过电脑来制作，并可不断修改和调整。

商品组织为决定一个商品或卖场最重要的一个组织架构。所谓商品乃决定这个超市或部别所要销售的假设品项，一个商场可售的商品包罗万象，大到汽车、机车小至牙刷，而一个商场不可能全部销售，所以必须按照超市规划为商品分类、结构与部门别。

六、商品布置

（一）商品布置要求

（1）遵循商品结构。

（2）主题商品。

（3）商品点—商品线—选购目标。

（4）客流导向。

（5）实物比文字的视觉效果更强烈。

（二）市场需求与商品组合政策

（1）满足顾客需求与创造来客数的持续性有效重要基本因素之一为通路销售给顾客的组合，是由每一个商品小分类、中分类、大分类架构而成，进而创造出一个商品供给面的组合供顾客选择，也创造出通路养分来源——毛利与毛利率。

（2）好的商品组合有下列八大要素。

1）符合目标顾客，具有完整、各个层次的代表性与价格点组合，分类完整的整体性商品供给。

2）具销售力的高回转商品组合。

3）具有毛利策略。

4）具有产品本身品质导向、价值导向的 OEM 产品。

5）除旧换新，跟随主导市场变化与消费需求的变化。

6）完善的商品陈列、商品包装。

7）具备坚强的售价与进价竞争力。

8）满足"目标顾客"。

第四章　超市商品采购

第一节　商品采购职能

一、连锁店总部采购

超市总部的采购功能是运作连锁超市的核心功能，强化采购功能并对其实施严格控制，是每一个连锁超市需要高度重视的问题。

强化采购功能的两种主要方法：

（一）两种制度

1. 制定供应商准入制度

提高商品采购部的工作效率，有必要制定一个供应商的准入制度，即在进入正式谈判之前，制定这样一个制度，告知超市要求供应商配合做到的基本交易条件，如供应商做出承诺即可安排正式的交易谈判。这种方法以制度的形式淘汰不合格的供货商，使业务谈判程序化并提高效率。

2. 制定对供应商接待与信息反馈的时间制度

在制度上规定接待供应商的时间，一般以一周2天为好，余出3天让采购业务人员进行市场调查和制订采购计划。提高采购工作效率很重要的一环是对供货商信息反馈时间的承诺，即对新供应商提供的商品，或对原有供应商的新品是否能进入超市公司的采购系统，要制定时间规定，不能让供应商无限期等待。如果没有这种时间承诺制往往会失去许多商机，也会造成采购业务人员工作的低效率化。

（二）商品采购部的程序化分段控制法

对采购部门的控制应在制度上、程序及操作上给予界定。可按商品采购业务的流程，作如下的分段控制：

1. 采购谈判

由专人负责与供应商谈判，这种谈判按超市制定的供应商文件进行，并按供应商文件与供应商签订采购合同。超市要专门培养一批谈判高手，使之成为真正的买手，这与超市的利益相关。

2. 按合同订货

在完成了订货合同后，采购部第二批专人开始按照合同，并根据各超市门店的销售情况向供货商发出送货指令，这种指令的发出必须要考虑许多综合的因素，如销售量与周转量的平衡，供应商最低与最高送货批量、送货的间隔时间与频率等。

3. 与供应商的服务配合与监督

供应商的商品进入超市后，商品采购部要由专人对商品在各个环节的运转进行监督与控制，对供应商的服务既要进行配合，也要进行考核与评价，以此作为超市制定对不同类型供应商的政策。

4. 付款

采购部会同财务部按照订货合同，参照供应服务配合和其他方面的考核标准对供应商进行付款。

以上这种程序化的分段控制方法，把采购过程分解成 4 个阶段，并进行专业化的分工操作，既能通过专业化分工提高超市总部的采购功能与采购效率，又能通过各个环节的互相监督与控制，达到对商品采购部的有效控制。

采购是零售经营环节中的一个重要环节。商品采购成本的高低将直接影响门店的商品价格和日常的毛利水平，所以，超市建立一个完善强大的采购系统是非常必要的。

（三）采购方式

采购的方式很多，一般包括现结（即现款现货）、账期（即货到若干天后付款）、滚结（每次送货后结清上次的货款）、代销（或者称为实销实结，每月按实际的销售量结清货款或者销售满一定金额后予以结款）。

在上述的各种结款方式中，现结风险性较大，但是采购到的商品进价当然也是最低的，代销虽然使自己的商品进价高了很多，但是因为不占用商家的流动资金，甚至还能暂时利用供货商的资金来进行自己资金的补充而备受国内商家的喜爱。

但是随着市场竞争的日趋激烈，顾客对于商品价格的要求也越来越高，不仅要求商品要有良好的品质，更要求商家所销售的商品价格低廉。所以，当国外的大卖场刚进中国时，确实曾以买断采购方式冲击国内长期盛行的代销制。其主要是为了树立良好的商誉，获得更具挑战性的进价，同时还争取到中国供应商的大力支持。但经过一段时间，在牢固地控制了中国的供货商之后，洋商们便开始入乡随俗，对当初的采购方式进行调整。

面对国内零售商品普遍存在供大于求的情况，很多商家对于厂商的要求也是越来越高，尤其是很多国内的商家对于供应商的付款情况可谓是"差之又差"，有些供应商甚至半年都未收到货款，然而这样的现象在国内的商业企业中已经是"见怪不怪"了。面对国内商家的"销而不结"与国外的结款信用好相比，供应商当然选择后者，哪怕是有很多其他的苛捐杂税也行。

面对这一情况，如何做好超市门店的采购工作，提高超市的采购能力应该上升到公司战略层面去认识。首先，连锁超市要建立中央采购制度，和商品厂商签订联销制度，从而实现低成本运作，高毛利回报。连锁化的大型综合超市不应该全部买断，而应该谋求厂商合作。结合商品的特性和门店的需求来进行适当的选择。如有些商品属于门店的畅销品，销量大且稳定，超市就可以考虑通过买断方式降低自己的成本，而一些新的品牌，没有知名度，销量莫测，销售周期较长的商品就只有代销了。

在采购和付款方式上，应该是量力而行，因商品而定。虽然商品的采购看似非常复杂，其实采购的关键在于与供应商的谈判过程，在相同的付款条件下，往往会因为采购人员个人素质的不同而影响门店采购商品的价格，所以对于采购人员的培养是与超市采购工作相辅相成的。

二、采购的管理要求

（一）商品的生命周期

任何商品皆有生命周期，采购必须有预测市场变化的能力。因此要及时调整商品并通知卖场做库存修正，如图 4-1 所示。

（二）采购商品应该随时注意商品 4 个期间的变化

（1）采购要预估未来市场的变化，现在流行的商品持续性及未来开发商品的方向，商品每年定期适时调整。

（2）采购随时把握瞬间流行商品的商机，并随时注意价格变化及库存控制。

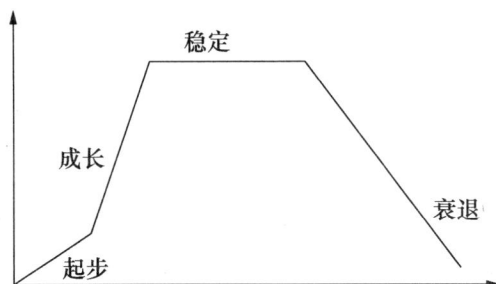

图 4 - 1　商品生命周期

（3）快速流行，起初价格高、利润高。供应商及店销一窝蜂地加入，销售价格快速下降，利润很快没了，很快退出流行。一不小心的就会积压到可观库存。退出流行后即使再便宜也没人购买流行商品，因此，应该预估到流行的时间及引进销售的时间。

（4）气候变化。其对季节性商品影响很大，采购必须注意气候变化，气候变化都会影响商品销售，有的大增，有的减少。所以采购必先预估气候变化，准备季节性商品的预估数量，何时要做促销，何时结束，要有一定盘算，可以增加业绩并减少不必要的库存。

（三）长票期

票期越长越好；财务收益稳定；为公司创造更多可用资金。

（四）不销售低销售商品

如果供应商强力推销，必须要了解供应商的意图。

（五）供应商的目标

供应商的目标是利用一个很低的畅销单品打入超市。

（1）与采购建立友好关系。

（2）鼓励采购购买所有商品（甚至用回扣）。

（3）对于供应商的观点，对此应该切记。

1）太多的选择会造成顾客混乱，也会失去畅销单品的业绩，拒绝此交易。

2）超市以折扣价买入。

3）经常性促销。

4）进货量计算回扣。

三、制定采购预算与方案

（一）制定采购预算

（1）采购金额预算。

（2）采购成本预算。

（3）促销费用预算。

（二）坚持市场调研

只有坚持从实际出发，只有不间断地进行市场调研，才能保证采购工作的正确方向。市场调研有以下要点：

（1）调查商圈消费人数、消费水平。

（2）调查竞争对手基本情况及经营情况。

（3）调查自己在市场上的占有率。

（4）研究卖场定位。

（5）研究商品政策

（三）制定竞争方案

通过市场调研，做到了知己知彼，面对竞争对手情况，制定更具有针对性的竞争方案。通常的竞争方案有以下类型：

（1）正面价格竞争，强化市场占有率。

（2）商品错位竞争，打造个性卖场。

（3）促销方法竞争，突出经营形象。

（4）品项、价格带竞争，广泛满足消费需求。

四、控制超市采购成本

控制采购成本对一个连锁超市的经营业绩至关重要。采购成本下降不仅体现在超市现金流出的减少，而且直接体现在商品成本的下降、利润的增加以及超市竞争力的增强。

要降低采购成本应从以下几方面着手：

（一）建立、健全采购制度

要做好采购成本控制的基础工作，采购工作涉及面广，并且主要是与外界打交道。因此，如果超市不制定严格的采购制度和程序，不仅采购工作无章可依，还会给采购人员提供暗箱操作的温床。完善采购工作要注意以下几点：

1. 建立严格的采购制度

建立严格、完善的采购制度，不仅能规范连锁超市的采购活动，提高效率，杜绝部门之间扯皮，还能预防采购人员的不良行为。采购制度应规定商品采购的申请、授权人的批准权限、商品采购的流程、相关部门（特别是财务部门）的责任和关系、各种商品采购的规定和方式、报价和价格审批等。如可在采购制度中规定采购的物品要向供应商询价、列表比较、议价，然后选择供应商，并把所选的供应商及其报价填在申请表上，以供财务部门或内部审计部门核查。

2. 建立供应商档案和准入制度

对超市的正式供应商要建立档案，供应商档案除有编号、详细联系方式和地址外，还应有付款条款、交货条款、交货期限、品质评级、银行账号等，每一个供应商档案应经严格的审核才能归档。超市的采购必须在已归档的供货商中进行，供应商档案应定期或不定期地更新，并由专人管理。同时要建立供货商准入制度。重点材料的供货商必须经质检、物流、财务等部门联合考核后才能进入，如有可能要实地到供应商生产地考核。企业要制定严格的考核程序和指标，达到标准者才能成为归档供应商。

3. 建立价格档案和价格评价体系

超市采购部门要对所有采购商品建立价格档案，对每一批采购物品的报价，应首先与归档的材料价格进行比较，分析价格差异的原因。如无特殊原因，原则上采购的价格不能超过档案中的价格水平，否则要做出详细的说明。对于重点材料的价格，要建立价格评价体系，由超市有关部门组成价格评审组，定期收集有关的供应价格信息，来分析、评价现有的价格水平，并对归档的价格档案进行评价和更新。这种评议视情况可一季度或半年进行一次。

4. 建立商品的标准采购价格并对采购人员进行考核

财务部对重点监控的材料根据市场的变化和产品标准成本定期制定标准采购价格，促使采购人员积极寻找货源，货比三家，不断地降低采购价格，标准采购价格亦可与价格评价体系结合起来进行，并提出奖惩措施，对完成降低超市采购成本任务的采购人员进行奖励，对没有完成采购成本下降任务的采购人员，分析原因，确定对其奖惩的措施。

通过以上四个方面的工作，虽然不能完全杜绝采购人员的暗箱操作，但对完善采购管理、提高效率、控制采购成本，确实有较大的成效。

（二）降低商品成本的方法和手段

1. 通过付款条款的选择降低采购成本

如果超市资金充裕，可采用现金交易或货到付款的方式，这样往往能带来较大的价格折扣。

2. 把握价格变动的时机

价格会经常随着季节、市场供求情况而变动，因此，采购人员应注意价格变动的规律，把握好采购时机。

3. 选择信誉佳的供应商并与其签订长期合同

与诚实、讲信誉的供应商合作不仅能保证供货的品质、及时交货，还可得到其付款方式及价格的关照，特别是与其签订长期的合同，往往能得到更多的优惠。

4. 充分进行市场调查和信息收集

一个企业的采购管理要达到一定水平，应充分注意对采购市场的调查和信息的收集、整理；对供应商的产品成本或服务状况要有所了解，只有这样，才能充分了解市场的状况和价格的走势，才能在价格谈判中使自己处于有利地位。

总之，要与供应商建立长期合作伙伴关系，达到双赢的局面，才能保证连锁超市在激烈的市场竞争中不断发展壮大。

第二节　采购计划的环节与时机

一、制订采购计划的环节

采购计划程序是整个采购运作的第一步，它包含采购认证计划制订（采购认证是指对采购整个流程的认证）和采购订单计划制订两个主要方面。具体来说，有以下八个环节。

（一）准备认证计划

1. 接收需求

要想制订较准确的认证计划，首先必须熟知开发需求计划。需求通常有两种情况：一是在目前采购环境中可以找到的货源供应；二是新货源，这种新货源是采购环境无法提供的，需要寻找新的供应商，或者与供应商一起研究新货源提供或生产的可行性。

2. 接收余量需求

随着市场需求的增加，采购环境容量不足以支持货源需求；或者随着采购环境呈下降趋势，该货源的采购环境容量在缩小，满足不了需求。以上两种情况产生余量需求从而要求对采购环境进行扩容。采购环境容量的信息可以由认证人员和订单人员提供。

3. 准备认证环境资料

采购环境的内容包括认证环境和订单环境两个部分。认证过程是供应商样件及小批量试制过程，需要有强大的技术力量支持，有时需要与供应商一起开发。

4. 制订认证计划说明书

制订认证计划说明书就是准备好认证计划所需要的资料，主要内容包括商品名称、需求数量、认证周期等，并附有需求计划、余量需求计划、认证环境资料等。

（二）评估认证需求

1. 分析需求

不仅要分析量上的需求，而且要掌握商品的技术特征等信息。

2. 分析余量需求

余量认证的产生来源：一是市场销售量的扩大；二是采购环境订单容量的萎缩。这两种情况都容易导致采购环境的订单容量难以满足用户的需求，因此需要增加采购环境容量。对于因市场需求的原因造成的，可以通过市场需求计划得以了解各种货源的需求量及时间；对于因供应商萎缩原因造成的，可以通过分析现实采购环境的总体订单容量与原定容量之间差别得到。两种情况的余量相加即可得到总需求余量。

3. 确定认证需求

根据开发需求及余量需求的分析结果，确定认证需求。认证需求是指通过认证手段，获得具有一定订单容量的采购环境。

（三）制订认证计划

1. 对比需求与容量

认证需求与供应商对应认证容量之间一般都会存在差异，如果需求小于容量，则无须进行综合平衡，直接按照认证需求制订认证计划；如果供应商容量小于认证需求量，则需进行认证综合平衡，对于剩余认证需求需要制订采购环境之外的认证计划。

2. 综合平衡

从全局出发，综合考虑市场、消费者需求、认证容量、商品生命周期等要素，判断认证需求的可行性，通过调节认证计划来尽可能地满足认证需求，并计算认证容量不能满足的剩余认证需求。

3. 确定余量认证计划

对于采购环境不能满足的剩余认证需求，应提交采购认证人员分析并提出对策，与其一起确认采购环境之外的供应商认证计划。

4. 制订认证计划

认证商品数量及开始认证时间的确定方法如下：

认证商品数量＝开发样件需求数量＋检验测试需求数量＋样品数量＋机动数量

开始认证时间＝要求认证结束时间－认证周期－缓冲时间

（四）准备订单计划

1. 接收市场需求

市场需求是采购的牵引项，要想制订较准确的订单计划，首先必须熟知市场需求计划或销售计划。市场需求的进一步分解便得到采购需求计划。超市总部的年度销售计划在上一年末制订，并报送各个相关部门，以便指导全年的供应链运作；根据年度计划制订季度、月度的市场营销需求计划。

2. 准备订单环境资料

在订单商品的认证计划执行完毕之后，便形成该项商品的采购环境（也可称为订单环境），订单环境资料包括：订单商品的供应商信息；订单比例信息；最小包装信息；订单周期。订单环境一般使用信息系统管理起来，订单人员根据市场需求的商品清单，从信息系统中查询了解该商品的采购环境参数及描述。

3. 制订订单计划说明书

制订订单计划说明就是准备好订单计划所需要的资料，主要内容包括：商品名称、需求数量、到货日期等；附有市场需求计划、采购需求计划、订单环境资料等。

（五）评估订单需求

1. 分析市场需求

订单计划不仅来源于采购计划，因为订单计划除了考虑销售需求之外，还要兼顾市场战略、潜在的需求等，要对市场需求有一个全面的了解，远期发展与近期切实需求相结合。

2. 确定订单需求

根据市场需求、确定订单需求。订单需求的内容是：通过订单操作手段，在未来指定的时间里，将指定数量的合格商品采购入库。

（六）计算订单容量

1. 计算总体订单容量

在采购环境中，供应商的总体订单容量是要关注的，订单容量的含义包括两方面：一是可供给的数量；二是可供给的到货时间。

2. 计算承接订单量

商品供应商在指定时间内的已经签下的订单量，称为承接订单量。有时供应商在各种商品容量之间进行借用，并且在存在多个供应商的情况下，其计算比较复杂。

3. 确定剩余订单容量

某商品所有供应商群体的剩余订单容量的总和，称为该商品的订单容量。

商品剩余订单容量 = 商品供应商群体总体订单容量 − 已承接订单量

（七）制订订单计划

1. 对比需求与容量

在需求小于容量情况下，依据需求制订订单计划；在供应商容量小于需求量情况下，要求商品采购平衡环节，对于剩余商品需求需要制订认证计划。

2. 综合平衡

综合考虑市场、销售、订单容量等要素，分析物料订单需求的可行性，必要时调整订单计划，计算容量不能满足的剩余订单需求。

3. 确定余量认证计划

对于剩余需求，要提交认证计划制订者处理，并确认能否按照需求规定的时间及数量交货，为了保证货源及时供应，此时可简化认证程序，由具有丰富经验的认证计划人员操作。

（八）制订采购新品

1. 供应商要具备较强的研发能力和资源优势

因为这些背景有助于深入了解该产品的创新体系、品质说明及相应足够的宣传空间，只有掌握的素材越多，围绕产品延伸出的传播手段选择余地就越大，且研发水准事关一个产品的技术含量和战略方向，它代表了行业的发展趋势，自然也容易引起消费者的好感。

2. 产品最好是处于起步阶段

因为这类产品由于新近推出，品牌知名度尚未打开，竞争对手还无暇顾及或未引起足够的重视，供应商对商家的选择也不会很高，各项要求条款相对较低，而且作为一个上市新品，在市场推广的具体操作中容易赢得供应商的关照和支持，所谓的"扶上马送一程"便是此类典型。

3. 卖点突出，差异化明显

在当前众多的同质化产品中，超市所选择的产品要尽可能凸显个性，不要光为了贪图低折扣率、大价差而迷失方向。诚然，进货价低、派送赠品、无偿退换货等值得动心，但相比产品自身的核心利益都是表象，如果选择的产品没有什么特色，今后的市场运作将极其艰难，最好三思而后行。退一步讲假使产品个性上有明显优势，也要让优势在第一时间被感受到。

4. 价位能被接受

价位偏高，虽说超市利润空间大了，但市场推广慢，吸引不了更多的购买群体，市场就不容易扩大，相反，价格低，自身面临的商品推广、配送服务上的成本太高就会冲淡利润，因此价位适中也是要考虑的重要因素。至于有些产品价格低得离谱，则说明了供应商急功近利的心态，其结果将受到市场的惩罚。

5. 市场的真正需求才是选择产品的方向

作为超市，除了被动地在供应商提供的产品中进行筛选外，还应该主动出击，结合自身对市场的认识和对产品的见解，给供应商提供消费需求中的热门信息，同时协助供应商共同开发推广，这样有助于建立双方今后合作的伙伴关系。另外，在一些有代表性城市每年举办的产品博览会、展销会上，商家要有意识地从中去摸产品信息，了解供应商的动态，最终选择合适的产品。

二、采购程序

（一）商品采购流程

商品采购流程，如图 4-2 所示。

（二）新供应商及新商品引进流程

新商品引进流程，如图 4-3 所示。

```
┌──────────────┐
│ 设立商品组织表 │ —— 大、中、小分类
└──────┬───────┘
       ↓
┌──────────────┐
│  商品结构比   │ —— 毛利率、营业额占比、卖场面积比
└──────┬───────┘
       ↓
┌──────────────┐
│  采购时间表   │ —— 季节、促销期、采购期
└──────┬───────┘
       ↓
┌──────────────┐
│   价格带     │ —— 低、中、高、顾客对象、商品定位
└──────┬───────┘
       ↓
┌──────────────┐
│   陈列位置    │ —— 陈列表现、POP
└──────┬───────┘
       ↓
┌──────────────┐
│   促销活动    │ —— 市场调查、商品包装、毛利、订货、预估销售量
└──────┬───────┘
       ↓
┌──────────────┐
│   销售检讨    │ —— 价格策略、陈列、销售数量、
└──────┬───────┘    顾客反应、淘汰、厂商配合度
       ↓
┌──────────────┐
│   滞销处理    │ —— 滞销贩卖、退货、应收账款
└──────────────┘
```

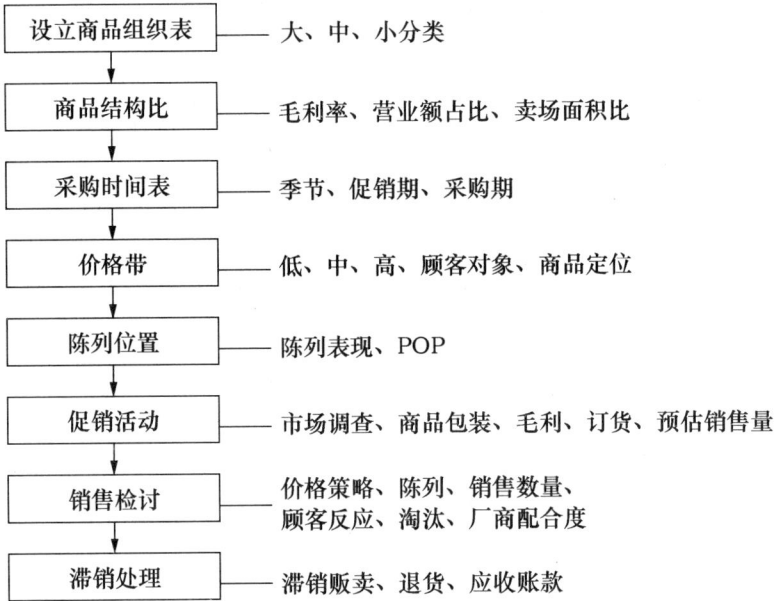

图 4-2　商品采购流程

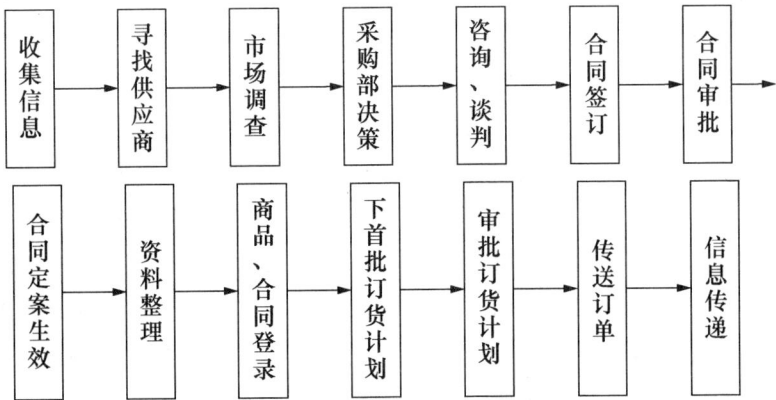

收集信息 → 寻找供应商 → 市场调查 → 采购部决策 → 咨询、谈判 → 合同签订 → 合同审批 →

合同定案生效 → 资料整理 → 商品、合同登录 → 下首批订货计划 → 审批订货计划 → 传送订单 → 信息传递

图 4-3　新商品引进流程

三、采购计划的决策

要做好采购工作，采购部门必须从市场需求和超市经营效益出发，做到采购的质量、数量、价格、货源、落单时间、交货时间恰当。为此，必须做好采购商品单品品质、采购价格、采购批量、采购时机等各方面的采购决策工作。

在采购决策方面主要有两个决策：

（一）采购品项决策

商品品项决策是商品采购中首先遇到的问题。连锁超市想要增强对顾客的吸引力，形成经营特色，必须选择适销对路的商品。

通常而言，选择商品品项一般遵循以下三个原则：

（1）采购的商品要和超市的定位相吻合，要能充分体现出超市的总体经营方针和经营特点。

（2）采购的商品要符合目标市场的需要，既要能满足营销对象现实的需求，又能创造和引导潜在的消费需求，通过开发新产品淘汰滞销商品，建立合理的商品结构，将顾客的潜在需求转化为现实需求。

（3）考虑超市本身现有的经营条件，引进新商品要有能力去经营。一般而言，在是否引进一个新商品之前，要考虑以下三个因素：

1）商品定位因素。采购中考虑商品定位因素是要使商品能更好地满足目标市场定位，并使商品之间能相互配套，最大效用地发挥作用。采购员要按采购计划选择新商品。采购计划中的商品种类分布表，往往并不是指具体的特定商品，它是指构成商品种类的单品需要具备哪些条件。除非特殊情况，采购商品要根据采购计划进行，从而才能保证商品定位的前后一致，减少采购盲目性。

2）商品本身因素。主要指机能、感觉、声誉三方面。机能是形成商品价值的基础，商品的材质、结构、设计、耐久性、实用性、安全性等都包含在其中。感觉方面以造型、外壳、色彩、商品的格调、品位、包装等为主要要素。声誉方面是指商品知名度，即厂家及其品牌的知名度。

3）采购条件因素。包含价格条件、折扣条件、付款条件、附带服务、供给能力、交货时间等。

（二）采购价格决策

价格决策与单品品项决策一起构成了商品采购的两大核心决策。商品售价是决定商品是否畅销的至关重要的因素，而售价制定的基础又是采购价格。所以，能否以最低的价格把商品采购进来，是采购人员工作的关键。

四、采购时机与订货批量

（一）市场与顾客需求

1. 了解市场

（1）价格（季节、特价）。

（2）规格鲜度。

（3）商品群的组合及数量。

（4）卖场大小及位置。

（5）员工人数。

（6）厂商状态。

（7）服务态度。

（8）顾客的购买力。

2. 商圈顾客层的需求

多用心了解附近商圈客层、来店客人、交通工具商圈的涵盖范围及顾客的需求，以便订货时参考。

（二）采购管理前期作业

1. 采购准备工作

（1）经营方向及谈判方针制定（含付款方式等）。

（2）文案资料拟订。供应商手册、采购手册。

（3）商品计划制订。基本经营商品定案及调整。

（4）编码原则制定。

（5）商品分类。

（6）供应商档案建立。

（7）单品建档。

（8）付款方式提议。

（9）进售变价。

2. 仓储

收货、调拨、报废、盘点、退货。

3. 营运

收货、调拨、领用、销售、批发、提货、报损报溢、退库（调拨回仓库）、盘点。

4. 财务

暂估应付、应付、调账、应收、固定资产、易耗品。

（三）如何确定采购时机

在确定了采购商品的品种和数量后，采购时机的确定是保证无缺货事故发生的基本前提。一般商品多具有季节性因素，所以过早购入会延长商品的储存时间，导致资金积压；而适时采购不仅容易购进商品，而且价格也较便宜。因此，超市应权衡利弊，选择合理的商品采购时间。

1. 定时采购

定时采购，就是每隔一个固定时期，根据这段时间内销售的商品数量采购相当数量的商品。值得注意的是，此时采购商品的数量不一定是经济批量。定时采购具有采购批量不固定但采购周期固定的特点。采购周期是根据超市采购该种商品的平均日销售量及超市储备条件、备运时间、供货商的供货特点等因素决定，一般由超市预先固定，周期通常为10～15天或更长。采购批量根据每次采购前盘点商店的实际库存量，订出采购批量，一般不固定。计算公式为：

采购批量 = 平均日销售量 × 采购周期 − 实际库存量 + 保险储备量

式中，保险储备量是防止由于延期交货和消费需要发生变化引起脱销的额外库存量。

定时采购的优点表现为：可以根据固定采购时间做周密的采购计划，方便采购管理，并能获得多种商品合并采购的好处；缺点表现为：这种采购方法盘点工作较复杂，不容易发现缺货现象和随时掌握库存动态。

2. 不定时采购

不定时采购是指每次采购的数量相同，根据库存多少来具体确定采购时机。不定时采购具有采购时间不固定但采购批量固定的特点。不定时采购通常受商品运输时间、商品入库验收时间以及销售前加工整理时间的限制。这种方式下的采购批量可以依据经济采购批量的方法计算。

不定时采购的优点表现为：能随时掌握商品变动情况，不易出现缺货现象，采购及时；缺点表现为：由于各种商品的采购时间不一致，不能享受集中采购的价格优惠，难以制订周密的采购计划。

（四）经济订货批量策略

连锁超市在组织商品进货时，在进货次数、进货批量与进货费用、商品储存费用之间，存在着一定的数量关系。

由于采购一次商品，就要花费一次采购费用，包括采购差旅费、手续费等。当一定时间内的采购总量一定时，每次采购的批量越大，采购的次数就少，采购费用越少；反之，采购批量越小，采购的次数就多，采购费用越大。所以，采购批量与采购费用呈反比例关系。

由于每次采购批量大，平均库存量也大，因而付出的费用就大，如保管费、包装费、存货占用资金的利息、商品损耗等费用；反之，采购批量小，平均库存量小，保管费用就少，所以，采购批量与保管费用呈正比例关系。

经济订货批量策略就是要采用经济计量方法，在分析进货批量、进货费用、储存费用三者之间内在联系中，找出最合理、费用最节约的进货批量和进货次数。所谓的经济进货批量，是指最经济的一次订购商品的数量，即进货费用和储存费用之和最低的一次订货量。经济订货批量的计算，有以下三个假设条件：

（1）需求均衡，也就是销售量比较稳定，变化较小。

（2）货源充沛，进货容易，并且能固定进货日期。

（3）库存储量和资金条件不受限制。

（五）周转天数控制

周转天数 = 库存/销售 × 每月天数

控制周转天数下降有两个方法：

1. 增加销售

如库存不变 500 万。销售由 500 万提升至 1000 万。

比较：500 万/500 万 ×30 天 = 30 天

500 万/1000 万 ×30 天 = 15 天

库存不变下每增加一倍销售、一倍周转天数可下降。

2. 减少库存

当采购至月底发现销售不到标准，周转天数快超过标准时，采购必须减少库存（月底退货），隔月初再进货。如销售 500 万不变。库存由 1000 万降至 500 万。

比较：1000 万/500 万 ×30 天 = 60 天

500 万/500 万 ×30 天 = 30 天

3. 周转天数控制有何好处

（1）让采购有自由发挥业绩的空间，不受库存限制。

（2）让超市有效控制资金积压，减少不必要滞销品产生。

（3）月底退货，连锁超市可以少付退货的那一部分，每月过渡，可以防止长期累积，导致无法处理。

（六）订货环节

订货是每一个超市企业每天都会面对的事情，订货成立的条件是：

日均销量 × 订货周期 − 现有库存 − 在途数量 > 0

也就是说当连锁超市的目前库存和正在订货的数量小于在订货周期内的销售总合计时，连锁超市的信息系统产生订货需求。

在以上这个订货需求产生的条件上，日均销量、现有库存、在途数量，超市内部的进销存的系统都能够计算和统计，但是订货周期应当怎么测算呢？

（七）订货周期

订货周期是商品订单发出到实际收到商品时间，这个周期包括订单发出、订单接收、备货、运送、验收入库五个环节。

而这个订货周期的五个环节中零售商所能够控制和掌握的只有发送订单和验收入库这两个环节（当然，如果连锁超市配送中心有货并直接由配送中心供货行为除外，这里讨论是在供应商参与的情况下）。其他环节都是由制造商和供应商来掌控的。而这一部分的信息，现在大部分的连锁超市只有通过电话来沟通联系，这样难免会陷入无边无际的电话咨询的海洋之中。

而这种订货信息的盲点将会使连锁超市无法回答以下问题：

1. 供应商多久能送货

即使订单有期限，但是什么时候送货确实是影响连锁超市实际运作的一个关键问题。

2. 能送多少货

下达的订单，制造商能够满足多少？是满足所有订单的单品和数量还是部分单品？

3. 超市门店在供应商送货期间是否会断货

门店最多能扛几天？或许作为连锁超市的门店有安全库存，这个安全库存可以销售一段时间，可是你是否知道安全库存是从何而来呢？安全库存的存量是依照供应商的送货周期订的，供应商的送货周期虽然可以约定，但是商品的供货流程中的变数太多，超市怎么能够了解供应商实际送货周期是多少呢？

第三节　商品采购谈判

一、商品采购谈判的方法

（一）采购谈判的目的

1. 采购谈判的定义

谈判，或称协商或交涉，是担任采购工作最吸引人的部分之一。采购谈判不尽是讨价还价，谈判是零售商与供应商买卖之间商谈或讨论以达成协议。成功的谈判是一种买卖之间经过计划、检讨及分析达成互相接受的协议或折中方案。这些协议或折中方案里包含了所有交易的条件,而非只有价格。

谈判与球赛或战争的不同在于,在球赛或战争中只有一个赢家,另一个是输家;在成功的谈判里,双方都是赢家,只是一方可能比另一方多赢一些,这种情况是商业的常事,也就是说谈判技巧较好的一方理应获得较多的收获。

2. 采购谈判的目标

在采购工作上,谈判通常有五项目标:

(1) 为相互同意的质量条件的商品取得公平而合理的价格。

(2) 要使供应商按合约规定准时与准确地执行合约。

(3) 在执行合约的方式取得某种程度的控制权。

(4) 说服供应商给超市最大的合作。

(5) 与表现好的供应商取得互利与持续的良好关系。

(二)采购谈判的原则与要求

1. 采购谈判的原则

(1) 这是超市与供应商之间的交易。供应商希望按平价出售所有的产品,但超市只愿以折扣价采购高回转率的商品。

(2) 作为谈判员,则应成为一位顶尖的谈判高手,这是超市的目的所在。

(3) 通过谈判的获益来强化超市的价格形象及绩效。

2. 采购谈判的要求

谈判分为两个主题:

(1) 准备,花费80%的时间。

(2) 谈判,花费20%的时间。

3. 供应商分为三类

(1) 全国性供应商。

(2) 区域性供应商。

(3) 地方性供应商。

(三)如何准备会面

1. 收集信息

(1) 市场调查。

(2) 市场报价。

(3) 询问团队成员是否有尚待同供应商解决的问题(内部资讯收集、实际工作中的错误)。

（4）从其他超市各门店那里得到供应商的信息。

2. 设定目标

（1）没有目标＝无成效＝失败。

（2）设定可衡量的双重目标。

（四）开始谈判

采购谈判必须有守时观念。即要求供应商守时，无论提前或延后都需事先通知，避免供应商准时到达而采购人员不在，同样对于不守时的供应商应适时提出处罚或谈判筹码。

1. 与厂商会谈携带必备文具

（1）计算器。

（2）会谈记录本。

（3）笔。

（4）相关会谈资料。

2. 与供应商会谈需先设定自己的目标，努力达成

为了达成采购谈判人员的目的，可以对供应商诉苦，让供应商知道采购人员的感受，但一切都在采购谈判人员可以掌握的度的范围内，一切都要以超市的利益为前提。

3. 谈判初次见面的交流

（1）要准时赴约，否则一开始采购人员便处于下风。

（2）有礼貌，表现出对对方足够的尊敬。

（3）相互介绍并试图了解对方。

（4）摸清对方的话语权。

1）确认会见的人是否有决策权。

2）非决策者，尽快结束会谈。

4. 谈判进入主题

（1）倾听供应商的业务合作内容介绍，并浏览供应商的资料。供应商提供的资料只能参考，不能完全相信。

（2）与供应商陈述会谈的主题。

1）新商品谈判。新商品的谈判应该考虑以下因素：

①采购部门何时必须采购新商品。配套商品（地区性、区域性、全国性）；季节性商品；取代销售量小的商品。

②确定一系列单品。依据全国性商品组织来采购商品；依据市场动向来采购

商品；选择高回转率的商品，特别是选择高回转率的商品更加便于管理；执行补货方便；避免缺货；提高回转；增加利润；便于计数、下订单。

2）端架陈列费。

3）促销费。

①告诉供应商，与超市合作是互利的。

②强调同超市合作后供应商可以得到的益处，同时尽量夸大其收益。

③别让对方岔开话题，牢记自己的目标。

（3）提问。

1）收集能够左右供应商决策的信息，如供应商可能透露一些事后不易获得的信息，有些可能为谈判时的王牌。

2）探听常见信息。

3）关于供应商及超市同行竞争者。

4）市场信息，如比重、成长、市场占有率、新市场。

5. 明确谈判合作关系

（1）谈判是种交换，其中采购谈判人员应有一定的付出（营业额、市场占有率），而供应商也应提供给超市好的进价、促销价、端架陈列费、退佣……

（2）切记，供应商供货，没有供应商就没有货物。

（3）有四种不同的谈判结果。

①供应商认为超市在耍他们。输家/赢家。

②所以，下次他会试着赢回来。赢家/输家。

③而后，双方都不再努力改善关系，对彼此都有不好。输家/输家。

④双方都认为达成一笔好交易。赢家/赢家。

（4）尽可能争取更多的利益，但同时也让供应商明白他也达成了一笔不错的交易。

（5）牢记双赢观念。如某个单品的包装变了，采购谈判人员寻求将所有旧库存退还给供应商的可能性。如供应商拒绝采购人员的要求但同意给超市赞助金，使超市得以打折处理存货；如果赞助金额够大可供超市作诱人的折扣，谈判采购人员可以考虑接受并由此来增加营业额。

6. 增加要求

（1）要求，得到越多越好。

（2）如对供应商而言，针对三个不同的要求达到3% +2% +5%的折扣要比对同一个要求达到10%折扣容易接受。

（3）对每个要求举出 1~2 个理由。

1）理由明确。让供应商明白采购谈判人员的意思，若有任何疑问，马上询问，避免误解，对每个条件加以说明。

2）不要对每个要求进行过多的解释，解释越多，理由越薄弱。

（五）谈判异议中的分类

在采购谈判中，采购人员面对的都是一些业务高手，他们已经在流通业工作很久，也与许多其他零售商的采购人员做过无数次谈判，故难免会提出许多难以处理的问题（即异议），令新任的采购人员不知所措。

1. 异议种类

（1）真正的异议。

（2）错误的异议。

（3）假的异议。

2. 谈判的有利与不利的因素

谈判的有些因素对采购人员或供应商而言是有利的或是不利的，采购人员应设法先研究这些因素：

（1）市场的供需与竞争的状况。

（2）供应商价格与质量的优势或缺点。

（3）成本的因素。

（4）时间的因素。

（5）相互之间的准备工作。

3. 谈判的十二戒

采购人员若能避免下列十二戒，谈判成功的机会将大增：

（1）准备不周。

（2）缺乏警觉。

（3）脾气暴躁。

（4）自鸣得意。

（5）过分谦虚。

（6）不留情面。

（7）轻诺寡信。

（8）过分沉默。

（9）无精打采。

（10）仓促草率。

（11）过分紧张。

（12）贪得无厌。

（六）谈判中可能遇到的问题与对策

1. 自信是谈判人员最大的资产

（1）适当保持沉默。

（2）询问供应商的缘由。

（3）试着反驳这些理由。

（4）向其表明他所提供的条件无法实现共同目标。

（5）而后说出超市理想的目标。

2. 供应商保持沉默的应对

（1）效果。

1）使采购人员不安。

2）促使采购人员不断地说话。

3）获得有用的信息。

（2）应付方法。提出问题，如"你的沉默是否意味着我们还有什么问题没有解决"。

3. 供应商会"哭穷诉苦"+指责、抱怨超市的工作

（1）效果。

1）想要得到有利条件以补偿不便之处。

2）试图想使采购人员感到内疚。

（2）应付方法。

1）他们对采购人员的指责是否合理。

2）采购人员是否澄清得还不够？寻找机会以便澄清。

4. 以诚恳的态度倾听，但要牢牢坚持自己的利益

（1）效果

1）想要得到有利条件以补偿不便之处。

2）试图想使采购人员感到内疚。

（2）应付方法。

1）对超市的指责是否合理。

2）采购人员是否澄清得还不够？寻找机会以便澄清。

5. 供应商经常会吹毛求疵

（1）效果。想让采购人员同意做出重大的让步，在某些方面达成共识总比

一点也没有好。

（2）应付方法。建议集中在关键问题上，细节问题可以后再谈。

6. 供应商拖延、控制谈判时间

（1）信号。

1）"我们需要你们现在决定"。

2）"在做出保证之前，我得和我的老板谈谈"。

3）"在发表意见之前，我们需要研究一下你们的提议"。

（2）应付方法。

1）事先周密计划。

2）坚守采购谈判人员的目标。

7. 供应商会以最后通牒的形式给予压力

（1）信号。

1）"要么接受，要么算了"。

2）"我已尽全力了"。

3）"价钱不能再低了"。

（2）效果。

1）试探采购人员的反应。

2）为了使谈判进行下去，采购人员会做什么让步？

（3）应付方法。

1）不要做任何反应，你的对手此刻正密切注视着你。

2）寻找一个机会，转移到另一个新问题上。

3）如果对方是认真的，则考虑放弃。

8. 供应商使用红脸/白脸策略

（1）效果。

1）扰乱采购谈判人员的心绪。

2）使采购人员同意红脸人的观点。

（2）应付方法。

1）根据采购谈判人员的目标衡量一下红脸人的要求。

2）努力转变白脸人的态度，少去注意红脸人。

9. 供应商以"我的职权有限"为借口

（1）效果。使采购谈判人员完全地投入，而对方可以随时依此来否决。

（2）应付方法。

1）建议采购谈判人员去和有实权的人面谈，表明双方责任不平等的谈判是毫无意义的。

2）继续谈判，假设如果双方达成"原则"上的协议，每个人都会接受。

10. 供应商态度坚决

（1）效果。他们想寻求输、赢的局面。

（2）应付方法。

1）分析一下所面临的威胁。

①能起作用吗？

②对方威胁我们，他们自己将付出什么代价。

2）不要正面地应付挑战。

3）虚张声势。走开。

11. 当供应商做出让步时反问自己

1）对我们是否有什么真正的价值。

2）这是否是他们所用的一种手段，以避免做出对我方真正有利的让步。

12. 可交换的条件

除价格外，可商议的问题有：

（1）可以怎样改变产品。

（2）针对不同的用途，功能有所不同吗。

（3）付款方式。

（4）数量。

（5）品质意味着什么，对于不同的品质水平增加价格差距。

（6）可以加上或去掉什么。

（7）运输的安排。

（8）维修、服务、售后服务保证或担保。

二、如何活用谈判的策略

1. 品质

（1）品质量的概念。

对超市采购人员而言，品质的定义应是："符合买卖双方所约定的要求或规格就是好的品质"。故采购人员应设法了解供应商对本身商品品质的认知或了解的程度，管理制度较完善的供应商应有下列有关品质的文件：

1）产品规格说明书。

2）品管合格范围。

3）检验方法。

（2）采购人员应尽量向供应商取得以上资料，以方便未来的交易，通常在合约或订单上，品质是以下列方法的其中一种来表示的：

1）市场上商品的等级、品牌、商业上常用的标准、物理或化学的规格、性能的规格、工程图、样品（卖方或买方）以上的组合。

2）采购人员在谈判时应首先与供应商对商品的品质达成互相同意的品质标准，以避免日后的纠纷甚至法律诉讼。对于瑕疵品或仓储运输过程损坏的商品，采购人员在谈判时应要求退货或退款。

2. 包装

包装可分为两种：内包装及外包装。内包装是用来保护、陈列或说明商品之用，而外包装则仅用在仓储及运输过程的保护。超市的营业中，包装通常扮演着非常重要的角色。

外包装若不够坚固，仓储运输的损坏太大，降低作业效率，并影响利润。外包装若太坚固，则供应商成本增加，价格势必偏高，导致商品的价格缺乏竞争力。设计良好的内包装往往能提高客户的购买意愿，加速商品的回转。

基于以上理由，采购人员在谈判包装的项目时，应协商对彼此双方都有利的包装，否则不应草率订货。

对于某些商品若有销售潜力，但却无合适的包装时，采购人员应积极说服供应商制作此种包装，供超市销售。

3. 价格

除了品质与包装之外，价格是所有谈判事项中最重要的项目。超市在客户心目中的形象就是高品质低价格，若采购人员对任何其所拟采购的商品，以进价加上超市合理的毛利后，若自己判断该价格无法吸引客户购买时，就不应向该供应商采购。

在谈判之前，采购人员应事先调查市场价格，不可凭供应商的片面之词，误入圈套。如果没有相同商品的市价可查，应参考类似商品的市价。

价格虽然不是谈判的全部，但毫无疑问，有关价格的讨论依然是谈判的主要组成部分，在任何一次商务谈判中价格的协商通常会占据70%以上的时间，很多没有结局的谈判也是因为双方在价格上的分歧而最终导致不欢而散。

简单说，作为卖方希望以较高的价格成交，而作为买方则期盼以较低的价格合作，这是一个普遍规律，它存在于任何领域的谈判中。想在实际的谈判中做到双方都满意，最终达到双赢的局面却是一件不简单的事情，这需要采购人员的谈判技巧和胆略，尤其在第一次报价时尤为关键。

那么究竟要如何掌握好第一次开价呢？一条黄金法则是：开价一定要高于（低于）实际想要的价格。

在谈判过程中，双方都会试图不断地扩大自己的谈判空间，报价越高（越低）意味着采购人员的谈判空间越大，也会有更多的回报。谈判是一项妥协的艺术，成功的谈判是在让步的过程中得到你所需要的。一个较高（较低）的报价会使采购人员在价格让步中保持较大的回旋余地。

报价并不是一成不变的，可以根据不同的客户或渠道采取不同的报价。能够以较高（较低）的报价成交并不是没有可能，采购人员并不了解每一位客户的接受能力。

在生活中每个人都是消费者，在每一次购物中商品的价格都会左右采购人员的购买意愿。有时价格高销售也很好，道理其实很简单，高价一定会增加产品或服务的附加价值。每个人在选择商品时都希望其质量上佳，如果是耐用品则要求要有良好的售后服务，名牌产品会满足消费者的需求，但在价位上会高于非名牌商品，如果两者的价差不是很大，大多数消费者会选择名牌产品，因为在人的潜意识中高价格一定等同于高价值。

低价格一定是低价值吗？肯定不是。商品的定价是由生产成本、人力成本、企业战略、销售渠道等诸多因素决定的，价格低的商品同样可以成为名牌，在产品质量和售后服务方面也不会逊色。当超市选购商品时会花费大量的时间和精力去分析该企业的生产成本、人力成本吗？恐怕大多数人都不会，判断产品价值的第一指标恐怕还是售价。高价会给人一种产品更好的第一感觉，人们会相信高价一定会有高价的理由，这就是所谓的"一分钱一分货"。

无论以何种条件成交，最重要的是要让双方都感觉自己赢得了谈判。

4. 订购量

在门店数较少的时候，订购量往往很难令供应商满意，所以在谈判时，应尽量笼统，不必透露明确的订购数量，如果因此而导致谈判陷入僵局时，应转入其他项目谈判。

在没有把握决定订购数量时，采购人员不应采购供应商希望的数量，否则一旦存货滞销时，必须降价出清库存，因而影响利润的达成，以及造成资金的积压及空间的浪费。

5. 折扣（让利）

折扣通常有新产品引进折扣、数量折扣、付款折扣、促销折扣、无退货折扣、季节性折扣、经销折扣等。有些供应商可能会由全无折扣作为谈判的起点，有经验采购人员会引述各种形态的折扣，要求供应商让步。

6. 付款条件

付款条件与采购价格息息相关，在国内一般供应商的付款条件是月结30~60天，采购人员应计算对超市最有利的付款条件。

在正常情况下，付款作业是在单据齐全时，按买卖双方约定的付款条件，由电脑系统自动生成，这是超市的一大优势，因为一般国内的零售商在付款时，总是推三托四，延迟付款，造成供应商财务高度的困难。

7. 交货期

一般而言，交货期越短越好，因为交货期短，则订货频率增加，订购的数量就相对减少，故存货的压力也大为降低，仓储空间的需求也相对减少。至于有长期承诺的订购数量，采购人员应要求供应商分批送货，减少库存的压力。

由于超市电脑计算订单数量的公式中，交货期是个重要的参数，采购人员应设法与供应商谈判较短的交货期，降低存货的投资。

8. 交货时应配合事项

超大型的货仓式自选商场，商品的进出量极大，若供应商无法在送货作业上与超市密切配合，将使超市的收货作业陷于瘫痪。超市的收货月台通常可容纳十几辆货车，故收货部门由专人按日期及时段安排供应商交货的时间。采购人员在谈判时，必须很明确将此作业方式向供应商说明清楚，并要求供应商承诺，否则日后一旦供应商无法实现时，彼此的合作关系将大打折扣。

9. 售后服务保证

对于需要售后服务的商品，如家用产品、电脑、手表、照相机等，采购人员最好在谈判时要求供应商在商品包装内提供该项商品售后服务维修的单位名单（包括电话与地址）的保证单，以使客户日后发现他所购买的商品需要维修时，能直接与附近超市门店联络，免得超市卖场人员疲于应付维修的问题。

10. 促销活动

快讯是超市的一大武器，这种促销利器在全世界各地都无往不利，但这全依赖采购人员选择的商品是否正确，以及售价是否能吸引客户上门。在政策上，通常超市会在促销活动之前一两周停止正常订单的动作，而刻意多订购促销特价的商品，以增加利润，除非采购人员无法取得特别的价格。

在促销商品的价格谈判中，采购人员必须了解一般供应商的行销费用预算通常占营业额的10%～25%，供应商不难由此预算拨出一部分作为促销之用，比较常用的方法是多给相同商品的免费赠品。

11. 广告赞助

为增加超市的利润，采购人员应积极与供应商谈判争取更多的广告赞助，超市所指的广告赞助，有下列几项。

（1）快讯的广告赞助。

（2）停车场看板的广告赞助。

（3）购物车广告板的广告赞助。

（4）卖场标示牌的广告赞助。

（5）端架的广告赞助。

其中以第一项"快讯的广告赞助"最大。由于快讯的印刷及邮寄成本很高，依国外超市的经验，约80%的成本由供应商来支付，采购人员应要求供应商赞助此种费用，供应商通常也都愿意由其广告预算中拨出一部分作为超市的广告赞助。

12. 进货奖励

进货奖励与数量折扣是有区别的。进货奖励是指一段时间达成一定的进货金额，而使供应商给予一定奖励，这是家电业及某些行业惯用的行销方式，而数量折扣是指单次订货的数量超过某一范围时所给的折扣。

采购人员开业要求供应商在实现一定采购量后给予进货金额1%～10%的进货奖励（以月、季或年度计算），供应商因业绩的需要完全有可能提供此种奖励，此种奖励对超市的利润提升有益。有些商品供应商可能因种种原因不愿以较低的价格供应时，采购人员为增加利润，应积极与供应商谈判要求更高的进货奖励，但切忌为了争取奖励，而增加不切实际的采购数量，结果库存压力大增，甚至季节过后必须打折出售，这种情况下采购人员不如不要进货奖励。

采购谈判本身是很复杂的，因为谈判对象、供应商规模、谈判项目都不同，但采购人员只要灵活运用以上所述的技巧与策略，在谈判中将不难一一克服。经验、机智与毅力都是采购人员在谈判中所需要的。

三、交易合约

（一）商品采购合同的内容

采购合同的条款应当力求具体明确，便于执行，避免发生纠纷。一般包含以下内容：

1. 商品品种、规格和数量

商品的品种应具体，避免使用综合品名；商品的规格应规定颜色、式样、尺码和牌号等；商品的数量多少应按国家统一的计量单位标出。必要时，可附上商品品种、规格、数量明细表。

2. 商品质量和包装

合同中应规定商品所应符合的质量标准，注明是国家标准或部颁标准；无国家和部颁标准的应由双方协商凭样订（交）货；对于副、次品应规定出一定的比例，并注明其标准；对实行保换、保修、保退办法的商品，应写明具体条款；对商品包装材料、包装式样、规格、体积、重量、标志及包装物等的处理，均应有详细规定。

3. 商品价格和结算方式

合同中对商品和价格的规定要具体，规定作价的办法和变价处理等，以及规定对副品、次品的折扣办法；规定结算方式和结算程序。

4. 交货期限、地点和发送方式

交（提）货期限（日期）要按照有关规定，并考虑双方的实际情况、商品特点和交通运输条件等确定。同时，应明确商品的发送方式，如送货、代运、自提等。

5. 商品验收办法

合同中要具体规定在数量上验收和在质量上验收商品的办法、期限和地点。

6. 违约责任

签约方不履行合同，违约方应负物质责任，赔偿对方遭受的损失。在签订合同时，应明确规定，供应者有以下 3 种情况时应付违约金或赔偿金：未进合同规定的商品数量、品种、规格供应商品；未按合同规定的商品质量标准交货；逾期发送商品。购买者有逾期结算货款或提货、临时更改到货地点等，应付违约金或赔偿金。

7. 合同变更和解除条件

在什么情况下可变更或解除合同，什么情况下不可变更或解除合同，通过什么手续来变更或解除合同等情况，都应在合同中予以规定。

此外，采购合同应视实际情况，增加若干具体的补充规定，使签订的合同更切合实际，更有效力。

（二）采购合同的签订

1. 签订采购合同的原则

（1）合同的当事人必须具备法人资格。这里的法人，是指有一定的组织机构和独立支配财产，能够独立从事商品流通活动或其他经济活动，享有权利和承担义务，依照法定程序成立的企业。

（2）合同必须合法。必须遵照国家的法律、法令、方针和政策签订合同，其内容和手续应符合有关合同管理的具体条例和实施细则的规定。

（3）必须坚持平等互利，充分协商的原则签订合同。

（4）当事人应当以自己的名义签订经济合同。委托别人代签，必须要有委托证明。

（5）采购合同应当采用书面形式。

2. 签订采购合同的程序

签订合同的程序是指合同当事人对合同的内容进行协商，取得一致意见，并签署书面协议的过程。一般有以下5个步骤。

（1）订约提议。是指当事人一方向对方提出的订立合同的要求或建议。订约提议应提出订立合同所必须具备的主要条款和希望对方答复的期限等，以供对方考虑是否订立合同。提议人在答复期限内不得拒绝承诺。

（2）接受提议。是指被对方接受，双方对合同的主要内容表示同意，经过双方签署书面契约，合同即可成立，也称承诺。承诺不能附带任何条件，如果附带其他条件，应认为是拒绝要约，而提出新的要约。新的要约提出后，原要约人变成接受新的要约的人，而原承诺人成了新的要约人。实践中签订合同的双方当事人，就合同的内容反复协商的过程，就是要约→新的要约→再要约→承诺的过程。

（3）填写合同文本。

（4）履行签约手续。

（5）报请签约机关签证，或报请公证机关公证。

有的经济合同，法律规定还应获得主管部门的批准或工商行政管理部门的签证。对没有法律规定必须签证的合同，双方可以协商决定是否签证或公证。

（三）采购合同的管理

采购合同的管理应当做好以下四方面的工作：

1. 加强商场采购合同签订的管理

加强对采购合同签订的管理，一是要对签订合同的准备工作加强管理。在签订合同之前，应当认真研究市场需要和货源情况，掌握超市的经营情况、库存情况和合同对方单位的情况。依据超市的购销任务，收集各方面的信息，为签订合同、确定合同条款提供信息依据。二是对签订合同过程加强管理，在签订合同时，要按照有关合同法规定的要求，严格审查，使签订的合同合理合法。

2. 建立合同管理机制和制度，保证合同的履行

超市应当设置专门机构或专职人员，建立合同登记、汇报检查制度。以统一保管合同、统一监督和检查合同的执行情况，及时发现问题，采取措施，解决纠纷，保证合同的履行。同时，可以加强与合同对方的联系，密切双方的协作，以利于合同的顺利实现。

3. 处理好合同纠纷

当经济合同发生纠纷时，双方当事人可协商解决。协商不成，可以向国家工商行政管理部门申请调解或仲裁，也可以直接向法院起诉。

4. 信守合同

合同履行情况的好坏，不仅关系到超市经营活动的顺利进行，而且也关系到超市的声誉和形象。

第四节 采购与营运的协调

一、沟通协调的要项

（一）进度报告

（1）本周进度。包括业绩毛利、供应商、商品、订货量（库存）、预定计划。

（2）次周进度。包括人力资源、资产设备、业绩毛利、商品、预定计划。

（3）现阶段任务处理情况。

（4）需协助事项。包括总部、采购、店内。

（二）目标达成方式

包括如下：

（1）商品。如品种、数量等。

（2）陈列。如陈列布局、陈列方式等。

（3）供货商。如供应商的来源，双方的合作关系等。

（4）其他费用。间接费用的预算等。

（5）效果。最后的结果是否达到预期的目标。

（三）经营方式

（1）竞争店。如同行业超市在本店的分布、实力等。

（2）改善方式。针对竞争店的特点，采取超市经营等。

（3）预定指标达成方法。本店采取的措施与时间要求等。

二、订货

（一）订货方式

订货方式如表 4 - 1 所示。

表 4 - 1　订货方式一览表

订货时机	电脑订单	永续订单	紧急手开订单	转货订单
盯期性	*			
缺货	*	*	*	*
促销	*		*	*
客订/大宗			*	*
节庆礼盒			*	*
节庆商品			*	*

（二）订单种类

（1）电脑订单。由电脑室根据供应商的交货天数、交货金额、交货数量及根据商品回转率而制定的电脑自动订货系统。

（2）永续订单。不经过电脑系统订货的订货方式，多用于生鲜部门，考虑其保存期限短、市场价格波动大。

（3）紧急手开订单。使用时机：

1）缺货时，电脑订单交货不及时。

2）促销时。

（4）转货订单。店和店之间转货时用。

（三）续订货原则

1. 商品

依照商品群货号明细表订货，尤其挑选适合各店商品种类订之。

2. 季节性商品

在重要节日，如中秋节或农历新年的时候，货品价格及供应商均会波动，应及早准备。

3. 数量

存货控制很重要，若存货的控制准确便不会存货过多或缺货而影响利润，应将重要的资料，如每次交收日期及数量，假日及重要节日等记录下来，并评估促销活动成效及留意同业间竞争以供参考。

（四）掌握货源

当采购碰到特别畅销品，而市场预警缺货如何处理。

（1）向厂商下一批订单。而这一批订单刚好预估到下次到货的量，不可超过太多数量以防厂商价格变动或型号更新造成库存。

（2）向其他批发商调货。如 A 城市货源有问题可向 B 城市盘商调货，但如果缺货天数不是很多，则不用此种方式，因从其他地区的调货在运费及购买成本上会增加很多，不小心反而适得其反，但如果缺货很多天，则用此方式可以增加业绩，并增加门店的信誉。

（3）季节性商品和厂商订单。季节初期预估每一阶段的预估销售给厂商下单（但以交货的实际数量为付款依据），避免先开票给厂商和开正式订单，以防预估错误造成公司损失。

三、优化商品结构

（一）如何优化商品的结构

优化商品结构的一个前提条件就是尽量使现在的货架陈列满商品，然后根据历史现状和将来的发展来删除部分商品，增加新单品，调整商品的空间，采取适当的销售措施。懂得如何优化商品的结构，有以下的帮助：

（1）节省陈列空间，充分利用空间。提升单位面积销售额。

（2）有目的地进行删除和增加新单品。

（3）有效地和供货商谈判。

（4）提高对顾客的吸引力。

（5）提高商品的竞争力。

（二）如何优化商品结构

优化商品结构是在以上的前提下从以下指标中进行筛选的：

1. 商品销售排行榜

（1）对新单品不要太快地将其删除。因为是新品，要顾客接受需要一定时间。

（2）对于一些必须具备配套的商品也不适宜将其删除，尽管它的营业额一直以来都不好，如蔬菜部门的生姜。

2. 商品贡献度

单从商品销售排行榜来挑选商品是不够科学的，而应以商品的贡献度来作指标。因为如果单从排行榜来判断，有时就会出现偏差，如一商品在销售排行榜上位居第一，可毛利却非常低甚至不赚钱，那也比不起销售额低但毛利相对高一些的商品，也就是说周转率高的商品并不意味着毛利高，而周转率低的商品也不意味着其毛利就低。商品贡献就考虑到这种情况，将其归为在一特定的销售期间，哪种商品的贡献度大，哪种商品赚钱就最多，这是最重要的，这一点国内的电脑系统中较少运用，故以后要大力给予推广使用。

3. 损耗排行榜

这是一个不容忽视的问题，特别是经营生鲜食品的超市。而生鲜食品的报废损耗从来都是很大的，因此要有损耗排行榜来对照，以便有效地实施控制，如进行蔬菜加工成配菜。对于赚不够赔损耗的商品就应给予考虑删减或以少量订货的方式来处理。

4. 周转率

谁都不愿意积压流动资金，10 元现金胜于 100 元收据，故很多经营者都愿做周转较快的商品，而对周转缓慢的商品则不敢压太多。

5. 新单品的导入

以上几个指标是说明如何进行挑选删除，但与此同时也要开发新单品来填充被删除的商品，所谓的"一个萝卜一个坑"，这样才可体现商场的活力，那么商品增加涉及：

（1）新单品增加多少呢？一般增加新品数量要跟上被删除的量，约为 10%，同时也可以在一定时期内以增加新品的数量来考核采购人员的业绩。

（2）导入怎样价格的新品，这就要求清楚本商场的商品价格带，太高价位的商品销不出去，太低价位的商品赚不够经营成本。

（3）导入自制品或其他制品。很多超市开始注重发展自有品牌，以免由于竞争造成和竞争者有太多的类似商品。如可委托别人定制有自己品牌标志的商品，如纸巾之类非差异化的商品。

6. 陈列及其他

在优化商品项目的同时也须优化商品的陈列和价格。如尽量使畅销商品陈列面大一些，不要将好销商品面积缩小，造成人为的销售障碍，对阵列位置、方式等也要考虑，如摆在货架哪个区、哪排货架、哪一格等。此外，优化商品的结构还得和采购及供货商充分沟通，以保证各种商品及时补货，有选择地自由流动。

优化商品结构是一项长期持续的工作，随着经济环境、消费习惯和季节等众多因素而发生波动。因此必须定期做出检讨改善，随机应变，才能使自己处于不败之地。

（三）商品选择与开发

1. 选择商品要顾及顾客的需求

顾客的需求是繁多的，在组织表中超市应以小分类来满足顾客的基本需求，如果超市可以陈列出售进口苹果、国产苹果等多种苹果来满足不同顾客的基本需求，而不是什么商品都出售。这一点在小的零售店铺是做不到的。所以超市只能选择周转较快的商品，尽管顾客希望他们所需要的所有商品超市都有出售，但事实上，超市做不到，因为超市的空间位置、财力等有限。

2. 选择商品要考虑商品的品质与价格

一类商品中有很多品种，如饮料类就有碳酸饮料、蒸馏水、矿泉水、水果饮料等。而在矿泉水中就有各种品牌的矿泉水等，那么在繁多的商品中如何选择呢？

（1）如一个在此分类中最好价格的商品应为市场上最便宜的（在卖场尽量能达到最低的价格）且有合理的品质。如在各种品牌的矿泉水中，选择进货价格比其他超市便宜的进货。

（2）如高价位的商品往往是该小分类中销售的佼佼者。

（3）如一个小分类商品中的价格带分布有一定的规律。

（4）当超市知道应选择哪些商品之外，还要知道同类别的商品之间是如何组合的，即它们应如何管理。如：

1）高销售量的商品。要防缺货，经常促销以使其销售量更上一层楼。

2）中销售量的商品。搞促销以提高销量，检查毛利。

3）低销售量的商品。可能是"不符合市场需求"的商品，如品质不佳、售价过高、商品排面不够长、陈列于错误的分类中等。因此要及时进行调整，如果以上都不能提升其销量，那么考虑取消。

3. 新商品开发要点

（1）新商品开发应以一个小分类的系列为开发重点，而不是以一个新开发的单品为开发重点。

（2）新商品开发必须考虑如何陈列凸显商品，商品成熟度，其他配合事项，如运输、安装……一切考虑无误才正式进货。

（3）新商品开发应先与营运部沟通，陈列位置是否恰当，有无删减商品，是否因新商品的引进而造成陈列的错乱。

（4）新商品开发首先要商品组织修改，修改商品组织由采购员、采购部主管与经理一起研究，减少因个人主观意识，造成不当开发让公司损失。

（四）找寻新厂商

1. 采购人员必须了解需要什么商品

用什么方式可以找到需要的商品，有谁可以供应这些商品。

2. 新厂商的开发方式

了解超市要的是什么样的产品，针对这些产品找寻厂商。

（1）整体性的媒体招商广告。此方式为针对新开的门店，利用电视、报纸做全国性或区域性的招商广告，于定期举办说明会，介绍公司状况，先吸引厂商接触再慢慢选择。

（2）媒体广告。强势性的电视或报纸杂志广告商品，通过媒体上的联络电话、地址找寻。

（3）同行市场调查。当采购人员至竞争对手店市场调查发现，优良商品有下列方式可以得到此商品的供应商：

1）包装上的制造商或进口代理公司的电话联络。

2）如果没有电话，利用包装上制造商或进口代理公司的名称，向114查询电话号码联络。

3）厂商介绍。想要引进的商品向同行厂商询问，厂商可提供相关信息。

4）等业务自行找上门（此为最被动方式）。

5）展览会。展览会上多为外销出口厂商，或国内制造商，有较优惠的价格，但大多有量的限制、运送、维修、退货。这四个问题无法解决则应慎重考虑是否要引进，除非价差特别大到足以超过四项的附加成本。

（五）淘汰滞销商品

1. 滞销商品的原因

所谓滞销商品是指前三周销售量占库存比例小于10%的商品。此报告应每周一至周二检查，回顾滞销原因，一般常见原因如下：

（1）商品没有摆出来。

（2）没有陈列样品（如电器）。

（3）样品破损。

（4）区域不对。

（5）排面太小，或被压在下面。

（6）经营业绩较差。

（7）商品换季。

（8）伴随流行主题更替的商品更替。

（9）制造商的产品更新换代。

对于非季节性和主题性商品，采购部门可以设定每季度的商品更新/淘汰率目标（分业态制定商品淘汰百分比指标）。

2. 商品淘汰流程的作用

（1）商品淘汰流程的应用是为了确保及时淘汰销售业绩不畅的商品。

（2）提高门店单品经营效率和货架效率。

（3）同时有效避免滞销商品的高库存风险和物流成本支出。

3. 淘汰商品要注意

（1）不要太快取消新单品。因为有时新单品要为顾客所接受是需要一段时间的，若一发现其销售不理想就取消，那是不合理的。

（2）为满足顾客的需求和维护超市的形象，有些低销售量的产品必须保留在分类量里。如在生鲜部门的生姜销售量肯定是很低的，但必须保留下来，因为顾客购买鱼时一般会顺便购买生姜，如果超市里没有生姜，顾客就可能连鱼也不在超市购买，因为顾客购买鱼后还得到其他市场购买生姜，觉得不方便。这岂非因少失多吗？

（3）要保持商品组合的合理性和提高商品的周转率，营运部门的主管必须要检查每个单品品种和每个小分类的价格带，向厂商询问调查竞争者的价格，定期分析高、中、低销售量商品，注意商品更新、口味变化，使商品选择符合市场流行趋势。

（4）进行商品淘汰或要改新单品时，要做到：

1）遵守共同商品。

2）尊重商品组织表内所订的数量。

3）遵守一进一出的思路。

（5）新品进店后经评估后的滞销商品。

1）在对进店销售一段时间的新商品进行经营业绩评估，根据经营评估结果对现有商品的销售状态从正常商品调整为淘汰商品。

2）一旦商品状态为滞销品，则意味着该商品将不再订货。

3）不会影响该商品货架库存继续销售和办理商品退货。

4. 采购人员应及时填写《淘汰商品周报表》

《淘汰商品周报表》，各超市可结合自己的情况设计，包括的内容有：小类号、小类名、商品编码、品名、采购员姓名、送货类型、订货规格、出货规格、供应商编号、供应商名称、进价、售价、销售金额、日均销量、占比（%）、销售量、日均销售量、毛利额、毛利率（%）、库存量、库存金额、创建日、淘汰期开始日、淘汰期结束日等。

5. 商品淘汰的方式与环节

采购人员在进行商品淘汰的同时应考虑新商品引进，尤其是在确定淘汰商品时候更应注意与新商品进店时相协调，避免出现空架现象或滞销商品长期积压在门店库房内的情况。淘汰的最后环节是商品退货。

退货的处理方式是滞销商品淘汰的核心问题之一。

（1）传统的退货处理

1）主要有以下两种方式：

①总部集中退货方式，即将各门店所有库存的淘汰商品，集中配送中心，连同配送中心库存淘汰商品一并退还给供应商。

②门店分散退货方式，即各门店和配送中心各自将自己的库存淘汰商品统计、撤架、集中，在总部统一安排下，由供应商直接到各门店和配送中心取回退货。

传统退货处理方式是一种实物退货方式，其主要缺陷是要花费大量的物流成本。

2）环节：

①对于滞销商品的淘汰管理应确定淘汰的日期，淘汰商品最好在每个月固定的时间集中处理，不要零零碎碎地处理，如可以规定每个月的 10 日为淘汰日，门店可以在申请淘汰商品后进行统一的下架。

②查询有无货款可抵扣。查询生产被淘汰商品的厂商是否有剩余货款可抵扣，这点相当重要。必须和财务部门联手，确认后请财务部门进行手续处理。若已付款，则不可将商品退给厂商。此时需要采购与供应商协商解决剩余的商品问

题。若采取退货处理方式，商家应通知厂商按时取回退货，并将扣款单送交会计部门，进行会计处理。

③淘汰商品的记录。处理完的淘汰商品每月制成月总表，整理成档案，随时供查询，避免因年久、人事异动等因素，又重新将滞销商品引进卖场。

（2）新的退货处理。为了降低退货过程中的无效物流成本，有不少超市通常采取的做法是在淘汰商品确定后，立即与供应商进行谈判，商谈两个月或三个月后的退货处理方法，争取达成一份"退货处理协议"，按将该商品作一次性削价处理，或将该商品作为特别促销商品两种方式处理退货。

这种现代退货处理方式为非实际退货方式（即并没有实际将货物退还给供应商），它除了能大幅度降低退货物流成本外，还为超市促销活动增添了更丰富的内容。

需要说明的是：

1）选择非实际退货方式还是实际退货方式的标准，是削价处理或特别促销的损失是否小于实际退货的物流成本。

2）采取非实际退货方式，在签订的"退货处理协议"中，要合理确定商家和供应商对价格损失的分摊比例，零售企业切不可贪图蝇头小利而损害与供应商合作的良好企业形象和信誉。

3）对那些"保质期"是消费者选择购买的重要因素的商品，零售商与供应商之间也可参照淘汰商品（虽然该商品本身不属于淘汰商品）的非实际退货处理方式，签订一份长期"退货处理协议"，把"即将到达或超过保质期的库存商品的削价处理或特别促销处理办法"纳入程序化管理轨道，以免去频繁谈判的成本。

4）如果退货物流成本小于削价处理损失，而采取实际退货处理方式时，超市要对各门店退货撤架以及空置陈列货架的调整补充进行及时统一安排，保证衔接过程的连续性。

5）清除淘汰商品的"尾巴"。在现在的大部分零售企业的信息系统中，很多企业的商品数据信息冗余程度非常高。

如某500平方米左右的标准超市门店，全年实际经营的商品种类在6000种左右，而门店的系统信息中共有45000条数据，其中大部分的数据都是以前曾经引进销售了一段时间后，被淘汰的商品导致多年长期累积了大量的垃圾信息，使得信息系统的使用非常烦琐，同时也不便于进行品类和商品经营业绩的分析。

这样，门店很多新来的管理人员不了解已经淘汰的商品情况，经常抱怨系统中的很多商品门店为什么没有，或者抱怨每次商品盘点总是有很多无用的商品信息。采购则是经常在这个浩瀚的数据海洋中，不知道该分析或采购什么商品。这些原因都是因为滞销商品信息没有及时从信息系统中清除。

当然，由于连锁超市存在很多商品正式退货后和账务结算的差异性，以及为了避免该种商品再次被引入门店进行销售或者再次引进的时候有原始资料可以对比，而将该种商品定义为淘汰商品属性（系统自动辨认），从此以后该种商品就不会在日常经营的商品档案中出现，当连锁超市的管理人员需要调以前的淘汰商品时，也可以及时地出现。这样，信息系统就解决了连锁超市滞销商品没有完全退出超市的"尾巴"问题了。

6. 滞销商品处理方法

采购人员对于淘汰商品需要保留、观察的商品应给出相关说明和业绩改进对策，应在滞销商品报告上注明原因（见表4-2）及处理方法，具体有：

（1）完好陈列。

（2）价格牌完整。

（3）标价，有效条形码。

（4）选定合适的销售区。

（5）增加排面，或显著陈列。

（6）调拨到其他门店。

（7）退货。通过促销/商品降价尽快消化现有库存。

表4-2　滞销产品处理表

商品编号	商品名称	零售价	毛利率	三周销量	最后销售日	现有库存	调整

案例：从供应商的角度看某外资超市公司采购细节

一位供应商业务人员，在一家外资消费品公司担任销售经理期间，和某外资超市公司（以下简称为A公司）有过很多交往，对此感受很深：和A公司合作过程中，很多操作流程等细节问题更是不容忽视。特别是那些计划或刚与 A 公司合作的公司，尤其应当对此引起足够的重视。

（一）谈判准备及流程

1. 新年伊始，厂家又面临着和 A 公司谈判的时刻了

作为重点客户经理能否为公司及分销商争取到最优惠的贸易条件，能否在双方利益共同增长的基础上，使生意健康持续地发展，很大程度上取决于谈判前积极、充分的准备工作。有些公司会提前两三个月做这些工作，以期能够更优化地签订新年度协议。

2. 和 A 公司合作的过程中，基本要进行如下几个谈判

全年合同谈判—新店开业谈判—新产品上市谈判—促销活动谈判。

说明：新品进场设定条码时，要注意如下几个方面：

（1）新品的条码应印制在原始包装上，不能够印制于粘贴标签上。除非 A 公司予以同意。

（2）条码一旦确定，并知会 A 公司后，如果厂家想对该条码做任何改动，必须书面通知 A 公司，并征得其对此改动的同意。

（3）删除单品的条码不能在该单品被删除后一年之内重复使用于其他单品之上。

新品进场后，如果没有做到上面任何一项规定，就有可能向每一家销售该新品的门店交纳违约金，该违约金将会从货款中直接扣除。

（二）合同主要条款解析

1. 最小起订量

A 公司订单中最小起订量（即订单中 Oty/Pack 一栏）是根据商品的包装、尺寸大小、陈列要求、预估销量，由厂家向 A 公司提出建议。A 公司总部安排进入系统，生成最小起订量。

2. 费用

在 A 公司的合同中除了返利外，所要交的费用基本分成三类：

（1）促销费用：包括堆头费（TG）、海报费（DM）、包柱费（Pillar）、货架促销费（Shelf Promotion）、促销区促销费（Promotion Area）、红房子（Chimney）、收银台促销（Casher）和其他促销费（Others）等。合同中会规定每年做几次促销，以及是否在所有门店做。

（2）年节费用：包括春节（Spring Festival）、劳动节（Labor Day）、内部店庆（Internal Anniversary）、全国店庆（National Anniversary）、国庆节（National

Day）、中秋节（Moon Festival）元旦（New Year）、圣诞节（Christmas）和其他节日（Others）等。费用是以每个门店为单位的，要向所有协议中约定销售公司产品的门店交纳这些费用。另外一点是，这些费用（除了其他年节费外）公司是都要交的，不可以只交其中几项。

（3）其他费用：包括新品进场费（New Item）、新的供应商开户费（New Supplier）、新店开业费（New Store Opening）、地区商品结构费（Regional Assortment）、全国商品结构费（Nailonal Assortment）、老店翻新费（Remodeling Fee）等。其中，如果产品在全国范围内销售，就要交纳全国商品结构费；如果在地区范围内销售，就要交纳地区商品结构费。如果产品供应商要进行更换，那就要交纳新供应商开户费，这些费用都是以单店来计算的。

3. 门店选择

A 公司目前在国内共有几百家店，在合同中会约定其中有多少家店销售公司的产品。这时候需要注意的细节是：

（1）公司的分销系统是否能够覆盖所有门店。A 公司的门店西到了成都、重庆，北到了哈尔滨，南则在广州落户。但是 A 公司是没有大仓库的，所有产品都要通过分销商或者第三方物流送达。如果公司部分地区分销商不能够满足 A 公司对送货的要求，或者分销商很弱，管理和物流分销能力不足（如西南地区的分销商正处在调整期，实力大都很单薄），那么就要考虑暂时放弃这些地区。

（2）产品是否适合在其所有门店销售。有些时候，即使公司的分销系统能够覆盖所有 A 公司的门店，还要考虑产品是否适合在该地区门店销售。如黄酒类产品在华东地区销量很好，很受消费者青睐；可是在北方地区就有口味隔阂，公司就要考虑是否暂时不要进入北方市场。但是有一点需要注意的是，如果选择做上海市场，那么 A 公司在上海的门店必须都有公司的产品销售，不能够只选择其中几家。

4. 有关合同中的金额和交税问题

在所有 A 公司的合同中，年节费条款中出现的数字金额都是不含税的，税率的计算按门店所在地税务局规定执行。如协议中规定新年费用为人民币 1000 元/门店，那么交给该地区 A 公司各门店的金额就是 $1000/0.95 = 1052.63$ 元。

（三）订单管理

1. 安全库存

由于 A 公司没有大仓库。所以它一般会尽量要求厂家增加送货次数，减少每次送货量。理论上讲，平均订单由各门店订单组操作，店系统自动运行生成。但也有人工操作的时候，以敏感产品/促销档期产品为例：每日营业结束后（或下一个营业日开始），A 公司门店订单组会检查电脑内的存货数，并回顾该产品的销售状况。如果他认为该存货不再是安全库存，会发传真，或用其他方式与厂家联系，要求送货。很多时候，厂家的销售人员、理货员或促销导购会主动找到 A 公司的订货员去"点菜"（订货）。订货员会检查该产品的货架上的存货、仓库存货及安全库存标准，以决定是否订货。这里需要注意的是，当厂家的产品出现破损时，虽已从货架撤下，但这部分产品还在电脑系统的库存数据中，那你的销售人员就要及时跟进 A 公司退货，以便尽快把该产品数据从电脑中删除。否则，电脑数据将不能真实反映公司库存情况，会导致订货不及时而断货。

说明：

（1）保持安全库存是 A 公司各门店主要业绩衡量指标之一。安全库存参考指标针对不同的产品有所不同。基本包括：满排面数、日平均销量、订货间隔期的平均销售数量、促销活动增长、淡旺季的差别。

（2）平均订单由各门店订单组操作，店系统自动运行。如需要更改/取消，须由部门课长/助理上报杂货处处长申请方可进行手工调整。

（3）如需下紧急订单。须在次日早晨 9:00 前报订单组。

2. 订货频率

最佳订单频率为每周两次。即每周一和周四订货，周二和周五送货，其中周四的量应大些，方可保证周末销售高峰的合理库存。

有团购或促销等额外销售，请公司或分销商销售人员向 A 公司部门课长建议下临时订单追加订货。

不同的 A 公司门店，同一种产品的销量也会有所不同，如在 A 公司北京某门店的月销额为 10 万元，可能在 A 公司沈阳店的月销额只有 4 万元。那么，在这些月平均销售额较低的门店，订货次数可能就不能保证每周两次了，这时候，公司销售人员要多督促，保证至少每周订货一次，或者尽量增加订货次数。

3. 处理 A 公司门店订单并提供有效服务

（1）收到 A 公司订单传真后，核对信息是否无误：订货店名、供应商编号/名称、订单页码齐全、订单日期、预计到货日期、预计取消日期等。

（2）订单中各单品 SKU 最小起订量是否能 100% 满足供货。包括分销商（如果有）库存货品的名称/条形码是否与订单相符，供货价格（正常价格单品为 N，促销价格单品为 P）是否正确，实有库存数量等。

（3）对于订单有任何疑问，请在送货前及时联络 A 公司订单组或部门课长/

助理确认，避免造成送货延误。

说明1：

销售人员要向A公司门店提供的服务是：

定期向部门课长/助理介绍公司的新产品上市计划、市场支持、促销活动（海报/TG）安排等。

根据货架/堆头的基本陈列要求、促销活动、季节变化等情况，及时提醒各店更新系统中安全库存数量设定，共同探讨合理库存的建立。

可与部门约定，推荐促销人员协助订货工作，填报建议订单。因为促销人员是现场销售人员，对即时情况最了解，能最大限度地避免新产品/促销品未订，或因订货不合理而造成的销售损失。

说明2：

有的时候厂家会碰到这样的问题，A公司下的订单中，有些SKU没有，无法及时供货。这不但直接影响公司的销售，还会给A公司留下不好的印象。所以，作为厂家的销售人员，一定要尽量避免这种情况发生。特别是在物流通路上存在分销商的时候，断货情况的发生更会频繁一些。所以销售人员要做到：尽量保持分销商安全库存。如果已经发生断货的情况，就要：

（1）所订货品在分销商库存数量不足或暂时缺货，请借调代销其他客户库存。

（2）地区销售主管调整分销商安全库存并订货，同时向公司或相关人员反映，寻求帮助。

（3）向A公司门店课长/助理道歉，并知会解决办法及相关事宜。

4. A公司门店收货

公司大都会与A公司约定固定的商品交货期，如商品交货期为两天等。

（1）A公司收货组在收货时，必须看到分销商提交的一份订单，用于核实同一订单号码对应的订单，在系统中为有效订单。

（2）A公司收货组确认商品名称/条形码、数量等于或小于订单后，提供一份签名盖章的收货单给供应商。

（3）A公司收货组员工须使用店内配备的扫码枪进行商品清点，该扫码检验信息与店内系统同步，这样能保证准确而快速的收货，否则可向A公司店长投诉该员工违规操作。

5. A公司退货

关于退货，不同厂家的规定不同。

（1）A公司：

1）与A公司总部合同中约定，不接受未售出商品的退货，在年底按净进货金额（不含税）×%给予门店补偿。

2）对于过期或公司决定不再销售的产品，可换货。

（2）B公司：

1）对于终止单品可退货。

2）对于破损产品可退货。

3）剩余促销捆绑产品可退货。

（四）价格管理

1. 商品进货价格的调整

各公司一般都会在第一次与A公司签订合同的同时约定，产品的进货价格是固定的，如有改动，新的供货价格必须提前书面通知。

当商品的进货价格需要调整时，通常的流程是：

（1）公司销售人员与A公司商品部沟通，提交商品价格调整通知，在双方商定的时间内，A公司总部在系统中更新进货价格、建议零售价、生效日期等。

（2）各地销售队伍须及时与A公司门店的部门课长/助理跟进，确认零售价同步调整。避免A公司门店毛利损失及市场价格影响。

（3）指导分销商应严格遵照公司的最新供货价格/生效日期供货，免得出现纠纷。

（4）要确认当正常商品价格升/降调整时，促销商品是否要相应调整。

（5）当出现问题时。要及时知会相关人员处理。

2. A公司门店价格维护

为了有效地吸引消费者光顾，提高自己的竞争力，A公司设定自己的经营原则之一是"每日低价"（Everyday Low Price）。只要A公司门店覆盖的商圈内。如果某些商品在竞争对手的零售价格低于A公司，A公司门店会将该商品降至同等或更低零售价销售。当然，A公司一般不会低于该商品的进货价格销售，如遇到跌破进货价的情况，门店会知会总部解决。所以说。A公司门店商品价格是经常变动的。

A公司的商品根据零售价格控制权限，分为绿色单品和红色单品。绿色产品的零售价是固定的，仅总部有权修改；而红色单品在门店系统即有权修改。如某饮料，在上市3个月内，被A公司总部设定为绿色产品，全国统一零售价为人民币2.6元，任何门店都无权修改；但是在北京，由于某仓储超市该商品的零售价为人民币 2.1 元。在其对北京各 A 公司的销售造成很大影响的情况下，总部特别设定该单品在北京某门店为红色产品，即该门店有权对其价格进行调整。

（五）回款管理

1. 回款流程

A 公司基本的付款流程为：

（1）公司与 A 公司在合同中约定，货款为现款结算。或者回款期为月结 30 天、60 天等。

（2）分销商需在增值税发票开具给 A 公司门店的当月内，与 A 公司相关的部门会计对账，确认 A 公司相应付款与发票一致。

（3）A 公司门店财务部在每月下旬关账日前，提交确认的应付款申请到总部付款中心。

（4）A 公司总部付款中心在下月 5 日前，通知对应银行签发付款，并将付款明细表 EMS（特快专递）到相应分销商联络地址。

2. 门店发票处理

（1）公司会与 A 公司总部在合同中约定具体商品发票交付期。分销商可在送货后。核对 A 公司收货单，确认商品数量/供货价格无误，并减除退换商品金额后，开具增值税发票给 A 公司门店财务部。

（2）增值税发票需由相关人员（部门课长/助理或财务部人员）签收备查。

3. 扣除费用

如果没有约定。A 公司在回款的时候，可能会直接把相关市场费用扣除，而公司或分销商直到收到货款才知道。这样将使公司、分销商和 A 公司之间的财务账目处理复杂化。所以公司必须要注意：与 A 公司总部约定，所有合同/协议中涉及的费用不得在应付货款中扣除。

（1）如有私扣费用，须将相关资料传真到公司相关销售人员。

（2）凡由公司支付的费用，经 A 公司、A 公司总部确认后，公司将支付到 A 公司各门店并收取发票，同时相应扣款须由 A 公司门店在下月付款时退还给分销商。

（六）商品促销管理

1. 商品信息跟进

（1）公司销售人员提供新产品、促销品信息给 A 公司商品部。包括产品电子图片、产品资料、供货价格、建议零售价格、陈列形式等。

（2）A 公司总部在上市、促销开始前一周将相关信息录入系统。

（3）A公司各门店在收到相关信息后，由部门课长/助理打印产品价格标签，并转发给营业员，同时开始订货。

（4）如有不及时或不准确信息，需由当地销售经理/主管或分销商人员与门店课长/助理确认。

（5）如不能在该店处理，请知会区域销售经理或重点客户经理在A公司总部查询。

（6）当地销售经理/主管或分销商人员确保货架陈列及时更新调整。

2. 促销说服

为了能够带动A公司、A公司各个门店，共同成功地完成促销活动，厂家销售人员要经常、及时地和部门课长/杂货处处长沟通，了解需求，开展双赢的促销活动。

在说服参加促销时，可从如下几个方面渗透：

（1）销量增长幅度：预估合理的销量增长幅度，并知会A公司，促销可以为其门店带来的销量增长。

（2）额外利润：计算额外利润的创造，缓解A公司门店的压力。

（3）提升店面形象：发挥品牌影响力，提升A公司门店的形象。

（4）周全的促销计划，包括促销场地布置、工具的运用、优秀的促销人员、合理的促销主题、严格的费用控制等。

（七）生意回顾

每年，A公司会和不同的厂家约定进行定期的业务回顾，如每季度一次或者一年两次。总部的业务回顾和各门店的业务回顾是同步进行的。A公司的相关人员每天都会接触大量的厂家。怎么才能让他们对公司、产品留下更深的印象？及时的回顾就可以使他们对产品更加关注，同时还能够帮助双方修正目前和未来的计划，做出更准确的决定。

在进行业务回顾的时候，通常是按如下程序进行的：首先检查实际达成的数字；其次进行横向和纵向的比较；最后找出差异的因素。厂家应引导A公司共同对其进行分析判断，寻找最佳解决方案，作为未来的合作发展的指引。

（八）其他

A公司对于6个月内没有货物来源的单品及平均销量极低的单品，将停止销售；同时A公司也可根据各门店的销售状况，考评商品的表现，对于3个月内无销售进货的单品，会锁定为终止单品。这个时候，终止单品记录仍然保留在A公司的电脑中，其采购或相关人员会通知厂家做相应处理。

如果经过促销活动的推动，该单品的销量仍然无法达到要求，公司决定终止该单品：销售人员应提前1段时间，如3个月知会A公司总部及门店停止该单品销售，门店不再订货，厂家清货，处理库存，分销商提前一个月内换货。

为了防止该类事件发生，厂家销售人员应根据市场部的计划，以及商品供货、销售情况，至少每3个月回顾一次各个单品的销售情况，合理安排陈列，及时更新产品清单和货架陈列图，帮助销量差的产品尽快调整。

（九）A公司谈判技巧

（1）对业务员不要表现热心。

（2）你的第一个反应，应是否定的。

（3）提出不可能的要求。

（4）不要接受第一个提案，让业务员哭，这是最好的技巧。

（5）总是使用座右铭：你还可以做得更好。

（6）总是强调你不是老板。

（7）智能思考——让自己像个白痴。

（8）不要做任何让步，除非得到相对的回馈。

（9）扮演公平极不公平。

（10）不要犹豫去争论，甚至他们是无礼的。

（11）持续重复同样异议。

（12）别忘记，80%的收获来自最后谈判部分。

（13）不要忘记，我们必须得到最多有关你对手的个性及他的要求的信息。

（14）总是准备停止谈判。

（15）在僵局中，不要被对手识破。

第五章　超市商品陈列

所谓陈列，就是把能促进销售的商品摆放到适当的地方。其目的是创造更多的销售机会，从而提高销售业绩。

第一节　商品排面与陈列的研究

一、排面研究

（一）排面设计研究

排面设计是为了方便顾客和商品管理，商品常常是按照分类来陈列的，即同类别的商品陈列在一起，这称为商品组合。因为如果超市不这样做的话，顾客就会浪费很多时间去寻找想要购买的商品。所以，当同类商品组合在一起时，顾客很清楚商品陈列的方式，同时也有利于对商品的管理。

但是货架有不同的层面，尽管知道同类商品放在一起，但究竟放在哪一个层面呢？

1. 商品陈列的视觉

从消费者的角度看，他们所分配到各货架的关注度（关注度是指消费者眼光习惯性地看到哪里）是不一样的，这是由于其习惯造成的，人们不会每看一排货架都会蹲下来看下面或踮起脚来看高于其视线上面的商品如图 5 - 1 所示。由于这种视角上的不同而影响商品在不同层面货架上的陈列方式和数量，如果放在低层很杂乱，相信顾客是懒得去查看那是什么商品；太高了，即使顾客很想要，可又一时找不着可帮忙的营业员，则自己又够不着而放弃。

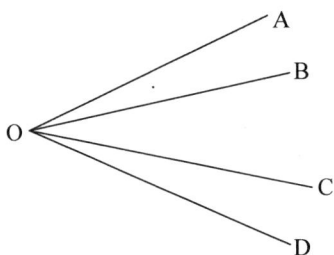

图 5 - 1　商品陈列视觉图

图 5 - 1 中，假设 O 点为人的眼睛，D 点距离地板 50 厘米；C 点距离地板 120 厘米，也是手容易伸到的位置；B 点距离地板 160 厘米，是眼睛视力直接可以扫描的位置；A 点距离地板 170 厘米，是眼睛以上的位置。

人所看到最多的位置就是 B 点（被称为黄金段位），其次是 A 点和 C 点，再就是 D 点。排除不同商品的销售力而言，同一种商品在 A 点、B 点、C 点和 D 点，顾客拿得最多的就是 B 点的商品。

现将 B 点独立出来看，在这一点中的中间位置又是最好的，顾客在这段位的关注度也稍多一些。同样的试验表明，对相同的商品，中间位置离顾客最近，最容易拿到，对同一点不同商品的比较，顾客也会站在中间的位置去进行。故此，可将此位置视为一格或这一整排货架的促销区，其陈列面积应为其他排面面积的 1.5 ~ 2 倍。扩大陈列面积可增加销售额，其他点也依此类推。

现来讨论一下各点商品的陈列堆放方式。

以 B 点而言，因为顾客可平视，最好将商品填满，才有丰满度，才有量感。同时商品尽量往外靠，这样在补货时由里至外，可确保商品选取先进先出。随着商品不断外销而将里面的商品往外移。

A 点因为顾客的目光要往上仰看，造成一个仰角，故商品在这一点的陈列最好顺应视线阶梯摆放，这样可形成立体美感。对于 C 点和 D 点，顾客一般不会蹲下来看，因此底部商品也不必堆放太多，否则会使顾客看不到商品的模样。有些商品将广告印在顶部，如果将商品堆得顶到了上一点货架的底板，那么顾客就看不到这部分了。但可将里面空间填满，这样即使顾客蹲下来看也会有量感。

超市要销售 100 单位的某商品，试想一想，如果相同商品陈列于四个不同的层面，会有相同的销售量吗？实验表明不同的排面会导致不同的销售量。如货架销售量的比例分别是：

最上端 1。

眼睛平视 3。

伸手高度 2。

高于地板 1。

其比例基本上是 1∶3∶2∶1，因此，要充分利用好这些能创造不凡业绩的空间位置。

2. 定位管理

在确定每一座货架每种商品的摆放位置后，应就对其进行定位管理，贴上标价签，并且以文字档案形式记录，如第几排货架、第几座、第几格、第几位。这样管理的好处是：

（1）商品各就各位，一目了然，避免商品串位。

（2）使缺货显示出来，及时做好补货工作。

（3）避免滞销商品驱逐畅销商品，因为一旦畅销商品售完，营业员或管理人员为了不浪费空间，常常会拉大滞销商品的陈列面，占用畅销商品的陈列面。久而久之，管理人员就会将畅销商品遗忘。

（4）能从直观上进行商品品种优化，及时淘汰滞销品和引进新商品，保持整体商品的活力。因此，各类别商品的管理人员都应建立货架商品管理档案，使每一种商品各得其位和各适其位。

（二）商品排面设计的原则

进行商品排面设计时必须遵循三个原则：

（1）系列品按大中小分类以直的方式排列，单品以横的方式陈列。

（2）以价位区分。任何小分类原则上由最便宜到最贵陈列于不同的货架排面上，由最下到最上，但是服饰部门是依客人的动线陈列的。

（3）包装整箱销售（较重）或体积较大的品项陈列于货架最下方。

（三）商品排面陈列制作

1. 商品排面陈列制作

（1）依据销售量制作排面图，给每个商品一个位置，给每个商品一个空间。

（2）用实物在货架上做排面宽度的试验。

2. 设计排面必须配合销售量的回转

超市经营是希望商品能高度回转，因此所设计的商品排面必须能配合销售量的回转。要在货架上针对每一种商品做完整的排面测试，先依据商品的大小和不同的高度调整货架，尽量不要浪费多余的空间，与此同时要确保所有的货架器材必须适用于商品，且容易拿取。

通常地，在进行商品排面设计时要做好一些前期的准备工作，如决定日期、通知相关人员、准备器材、器具的介绍，器具的清洁、是否由供应商提供器具（除化妆品之外）、准备商品、考虑工作的需要（如装饰品、标签等）、价格卡。

3. 排面设计要及时修改调整

排面的制作并非一成不变的，而是进行排面的跟踪，观察排面是否有助于销售，在必要时需及时修改，依据商品的销售量来调整排面位置与面积空间的大小。

（四）商品排列技术的方式

（1）垂直排列。将易见性放在第一位的常规垂直排列技法。

（2）水平排列。适用于多种商品陈列的水平型技法。

（3）组合式排列。上层为垂直型、下层为水平型的追求量贩型。

（4）"沟"式排列。在纵向上排列出"沟"结构的排列技法。

（5）三角排列。排列成三角形，突出廉价感的排列技法。

（6）货架端头排列。通过强化第三"磁石"，提高卖场的洄游性，刺激顾客的购买欲。

（7）岛式排列。提高主通路的洄游性，实现量贩的岛式排列技法。

（8）收银台前端头排列。设置通过率100%的黄金卖角。

（9）点式排列。通过特卖品的点式配置提高卖场的洄游率。

（10）新奇排列。通过令人惊奇的排列突出商品，招揽顾客的技法。

二、商品陈列的研究

（一）商品陈列与销售额的相互关系

商品陈列与销售额之间的关系如下：

1. 商品陈列面积大小变化引起的销售额变化

对于相同的商品来说，店铺改变顾客能见到的商品陈列面，会使商品销售额发生变化。

陈列的商品越少，顾客见到的商品的可能性就越小，购买概率就低，即使见到了，如果没有形成聚焦点，也不会形成购买冲动。

实践证明，货位由4货位减少到2货位，销售额减少48%，3货位减少到1货位，销售额减少68%。

货位由 2 增加到 4 货位，销售额增加 40%，并且某种商品的陈列面积与其市场占有率成正比，见图 5 – 2。

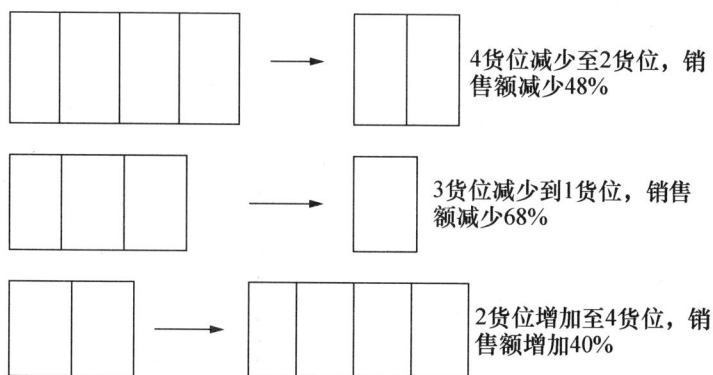

右侧标注：

4货位减少至2货位，销售额减少48%

3货位减少到1货位，销售额减少68%

2货位增加至4货位，销售额增加40%

图 5 – 2　商品陈列面积变化与销售额变化

2. 商品陈列高低变化引起的销售额变化

对于相同的商品来说，改变顾客能见到的商品陈列面，会使商品销售额发生变化，陈列的商品越少，顾客见到的可能性就越小，购买概率就低，也不会形成购买冲动。

商品陈列高低不同，会有不同的销售额。依陈列的高度可将货架分为三段，A 为上段，D 为下段，B、C 为中段。中段为手最容易拿到的高度，男性为 70 ~ 160 厘米，女性为 60 ~ 150 厘米，有人称这个高度为"黄金位置"，一般用于陈列主力商品或有意推广的商品。

次上下段为手可以拿到的高度，次上段男性为 160 ~ 180 厘米女性为 150 ~ 170 厘米，次下段男性为 40 ~ 70 厘米，女性为 30 ~ 60 厘米，一般用于陈列次主力商品，其中次下段为顾客曲膝弯腰才能拿到的高度。

上段高度男性为 180 厘米以上，女性为 170 厘米以上，下端高度男性为 40 厘米以下，女性为 30 厘米以下，一般用于陈列低毛利、补充性和体现量感的商品，上段还可以有一些色彩调节和装饰陈列。

根据实践经验证明。

（1）在平视及伸手可及的高度，商品售出概率约为 50%。

（2）在头上及腰间高度，售出概率为 30%。

（3）高或低于视线之外，售出可能性仅为 15%。

3. 陈列时间变化引起的销售额变化

陈列时间的变化，也会引起销售额的变化。一项调查结果显示：店铺陈列的促销效果第一天为100%，第二天为90%，第三天降为80%，第四天为60%，第五天为35%，第六天仅为30%。

可见，保持陈列新鲜感很有必要。

（二）超市商品陈列的相关知识

1. 超市陈列的基本工具

（1）超市的货架大多以可以拆卸组合的钢制货架为主，规格视卖场的设计采用。

（2）隔物板。隔物板主要用来区分隔离两种不同的商品，避免混淆不清。

（3）护栏。对高单价或易碎商品，加上护栏，较有安全感。

（4）栈板。为避免商品直接与地面接触受潮，必须使用栈板。

（5）端架。在整排货架的最前端及最后端，也就是顾客动线的转变处，所设置的货架即为端架。

2. 超市商品陈列的基本规则

（1）如何组合商品。遵循商品分类表→组织表。

（2）制作排面的原则。

1）大分类、小分类以直的方式陈列，单品以横的方式陈列。

2）以价位区分，任何小分类，原则上由最便宜到最贵陈列于货架上。

3）将整箱销售的单品陈列于货架最下方。

（3）选择以上陈列方式的原因。

1）顾客容易选择。

2）顾客容易看到避免浪费时间。

3）顾客不必走完整个货架，再走回来拿取他所需要的商品。

商品陈列最基本的要求是让顾客容易看得见，如颜色突出、商标正面看齐、陈列方式很新颖，这样便很容易吸引顾客的眼光。有些超市喜欢将水果放在平台陈列，就是让顾客很容易挑选，有些超市有时会把单一物品堆积如山，造成丰富的感觉，价格又设定得很低，让顾客买起来觉得很轻松容易。

（4）陈列的注意事项。

1）如果有缺货时，将货架空出来，禁止将缺货的地方用其他商品补满。

2）价格牌置于商品的左下角，以销售数量来调整陈列，有必要时，需做修改。

（5）调整。必要调整的原因。

1）在某些陈列下顾客看不见商品。

2）超过某陈列，增加陈列数量并不能增加销售量，结果实际陈列大于用销售量所估算的陈列。

3）回转量较低的（可能不需和原来一样大）需要缩小实际排面，小于用销售量所估算的陈列。

4）回转量大的产品，陈列面积需要扩大。

5）包装较大的单品，陈列面积需要扩大。

（6）过程。依据销售量绘制陈列图。即给每一个商品一个位置，给每一个商品一个空间。

3. 用实物在货架上做陈列宽度的试验

在货架上针对每一种商品做完整的陈列测试，依据商品的大小做调整或依据商品的不同高度调整货架，减少浪费空间。所有的货架器材必须适用于商品，方便客人寻找和拿取。

所有排面计划应该围绕高度回转，并有足够的空间配合销售量的回转。

4. 陈列的结果

充分的准备工作，必然达到理想的陈列效果，如图 5-3 所示。

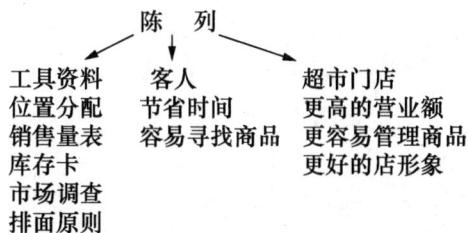

```
                    陈    列
              ┌────────┼────────┐
   工具资料        客人            超市门店
   位置分配      节省时间         更高的营业额
   销售量表    容易寻找商品       更容易管理商品
   库存卡                        更好的店形象
   市场调查
   排面原则
```

图 5-3　商品陈列效果图

（三）分类标识

分类标识作为陈列的重要组成部分，其目的是达到让顾客一目了然的效果。因此要做好分类标识，就应该做到如下的要求：

1. 全

价格标识、陈列分类标识、服务标识、卖场布局图、楼梯走道指示、洗手间标识、银联标识等，一应俱全。

2. 准确

合理的位置放置合适的标识。

3. 规范

所谓没有规矩，不能成方圆，缺少规范的执行，商品陈列将惨不忍睹。

（四）陈列氛围

如何感动顾客是商品陈列想要达到的效果，构造温馨舒适的陈列氛围，能让顾客流连忘返，不经意间买了很多计划外购买的商品。

1. 陈列氛围主要涵盖两方面

正常商品的陈列、促销商品的陈列（特殊陈列）。

（1）正常陈列氛围。讲究简单而不简约。陈列要简单，不要让顾客在购物时感到累——选择累、拿取累、咨询累、走动累。

如顾客想买生抽，结果到粮油区域发现，调味品的陈列原则是按照品牌陈列的，一个品牌的生抽、老抽、醋甚至更多，都陈列在一个货架上，顾客要先确认购买哪个品牌，然后找到陈列位置，最后再到众多规格的生抽、老抽、醋里去找需要的生抽，这多累啊！为什么不把调味品按功能属性陈列呢，生抽一个区，老抽一个区，不分品牌地摆在一起，这样顾客就会觉得方便多了。

（2）陈列要简单。就是说陈列要按照逻辑，而不简约则是更高层次的升华，同一个陈列地点，尽可能地让顾客多停留、多观望、多购买。

（3）陈列不简约也可以理解为陈列的生动化。生动化活动是通过对关注购买场合和消费场合的POP（购买点）特定战略及渠道战略的制定和执行来完成的。

2. 优秀的陈列生动化

（1）创新、创意。

（2）激起消费者/顾客的购物冲动。

（3）与消费者场合联系起来。

（4）夺目而不突兀。

（5）清楚准确的价格标志。

如图5-4所示，该模型是目标的主体框架，所有因素之间的关系一目了然。

（五）陈列生动化具体操作要点

1. 店内金三角定位原则

金三角定位在沿着三个要点的路径上：

（1）入口。

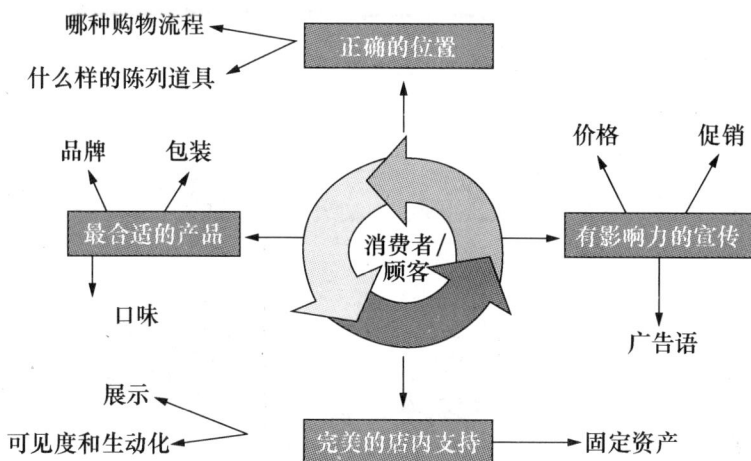

图 5 - 4　陈列生动化

（2）收银台。

（3）店内被最频繁购买的商品周围。

如图 5 - 5 所示，小型超市牛奶陈列示意。

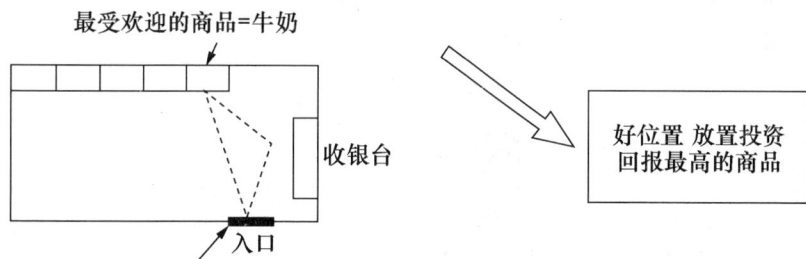

图 5 - 5　小型超市牛奶陈列示意

2. 顾客喜欢一个畅通的购物通道

光顾陈列的顾客在被"碰撞"几次后就不会待在那里了。

如果顾客是初次（或者调整陈列后初次）到这个区域，之前他是不知道这个通道通向何方的，当他走过来才发现这里根本就走不通，或者要费很大的力气才能绕出去，也就是超市卖场人为设置了很多这样的独立区域，第一次他可能不会说什么，第二次、第三次再来时还是这样，结果就是我们前面说到的他会感到太"累"，以致他不会再有心情待在这个地方了，更甚至他不会再有心思"欣赏"这个区域的商品了。

通道要直、要通。留住超市顾客的不是想当然设置的动线,而是更多地站在顾客角度去考虑一些因素如图5-6和图5-7所示。

在30%以上的情形下,前端有可能是末端

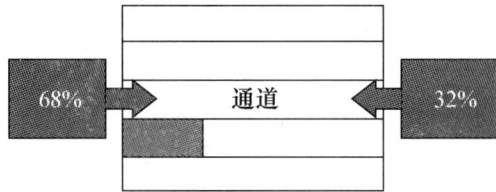

68% 通道 32%

注:① 在食品杂货店最后1/3的通道上的客流以32:68的比例来自两端。
    ② 因此对1/3的顾客而言最前端却是最末端。

图5-6 购物通道示意一

前端可能是一个盲点

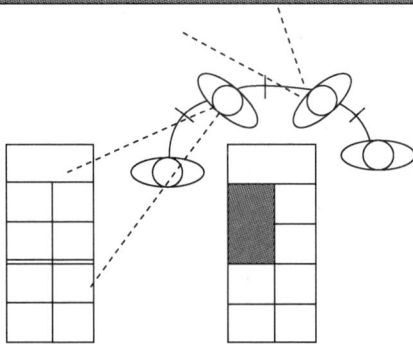

注:① 当顾客推着购物车转变进入一个过道时,就会有个盲点存在。
    ② 因为顾客正对着的是通道的对面,所以客流的前端却是他们的背后。

图5-7 购物通道示意二

所以说一组货架真正最好的位置不是前端也不是后端(因为前后是相对的,前可变后,后也可变前),而是中间位置。

3. 大的陈列产生大的销量

大的陈列产生大的销量这是必然的,根据数据显示如图5-8所示,得出的结论是:

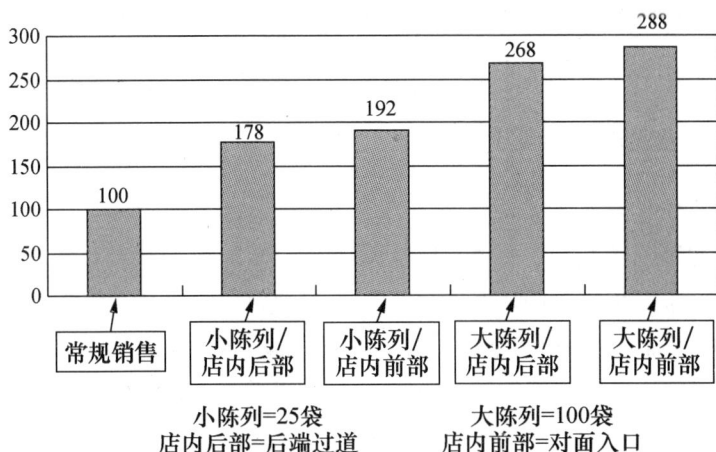

图5-8　大陈列大销售

（1）地堆越大，销售越好。

（2）大陈列很重要。

4. 其他值得注意的地方

通过长期的经验总结得出的结论是：太多标识比没有标识更糟糕！

（1）使顾客感到迷惑。

（2）破坏购物场所应给人的良好感觉。

（3）使超市在新宣传中的投入白白浪费。

（4）一个肮脏破旧的标识会影响超市门店，不如把它去掉。

（5）商品选择达到的效果是让顾客来超市门店一次还要来第二次、第三次。

（6）商品陈列达到的效果是让顾客每次来到超市门店都会购买很多的商品。

第二节　商品配置表管理

超市卖场内的商品陈列是运用商品配置表来进行管理的。商品配置表，英文名称为"Facing"，日文名称为"棚割表"。意思是把商品排面在货架上做恰当的管理，并且用绘图表格规划出来，而在日文"棚割表"的字面上，"棚"意指货架，"割"则是指适当的分割配置，也就是商品在货架上获得适当配置的意思。

因此将商品配置表定义为："把商品陈列的排面在货架上做出一个最有效的合理分配，并以画面表格规划出来。"

一、商品配置表的功能与设计

商品配置表是以一座货架为制作的基础，一张配置表代表一座货架，货架的标准视每个超市的场地和经营者的理念而定。商品配置表采用格式的设计，只要确定货架的标准，再把商品的品名、规格、编码、排面数、售价表现在表格上即可。也有的把商品的形状画到表格上，但这些必须借助电脑来完成，并且不断地被修改和调整，从而使其更完善。

（一）商品配置表的管理功能

目前，我国大型综合超市普遍采用商品配置表对商品的陈列加以管理，而一些中小型超市由于商品种类少，没有认识到更没有重视商品配置表的功能。商品配置表对于超市商品陈列的管理功能体现在以下几个方面：

1. 有效控制商品品项

有效控制超市的商品品项，充分发挥卖场的使用效率。每一个超市的卖场面积是有限的，所能陈列的商品品项数目也是有限的，为此就要有效地控制商品的品项数，这就要使用商品配置表，才能获得有效的控制效果，使卖场效率得以正常发挥。

2. 商品陈列定位管理

有利于商品的陈列定位管理，达到陈列面积的有效利用。

超市卖场内的商品定位，就是要确定商品在卖场中的陈列方位和在货架上的陈列位置，这是超市营业现场管理的重要工作，如不事先规划好商品配置表，无规则进行商品陈列，就无法保证商品的有序有效的定位陈列，而有了商品配置表，就能做好商品的定位管理。

3. 商品陈列排面管理

利用商品配置表合理安排畅销商品、销量较少的商品、滞销商品的排面数，优先保证畅销商品，提高卖场的销售效率。

商品的陈列排面管理就是规划好商品陈列的有效货架空间范围。在超市商品销售中有的商品销售量很大，有的则很小，因此可用商品配置表来安排商品的排面数，即根据商品销售量的多少，来决定商品的排面数，畅销商品给予多的排面数，也就是占的陈列空间大；销售量较少的商品则给予较少的排面数，其所占的陈列空间也小。对滞销商品则不给排面，可将其淘汰出去。商品陈列的排面管理对提高超市的卖场效率，具有很大的作用。

4. 畅销商品保护管理

超市中畅销商品销售速度很快，若没有商品配置表对畅销商品排面的保护管理，常常会发生这种现象，当畅销商品卖完了，又得不到及时补充时，就易导致较不畅销商品甚至滞销品占据畅销商品的排面，形成了滞销品驱逐畅销品的状况。这种状况会降低超市对顾客的吸引力，同时也会使超市失去了售货的机会并降低了竞争力。可以说，在没有商品配置表管理的超市，这种状况时常会发生，有了商品配置表管理，畅销商品的排面就会得到保护，滞销品驱逐畅销品的现象就会得到有效控制和避免。

5. 商品利润的控制管理

利用商品配置表合理安排高利润商品和低利润商品的排面数，优先保证高利润商品，提高卖场的整体利润。

超市销售的商品中，有高利润商品和低利润商品之分，每一个经营者总是希望把利润高的商品放在好的陈列位置销售，利润高的商品销售量提高了，超市的整体盈利水平就会上升，而把利润低的商品配置在差一点的位置来销售，来控制商品的销售品种结构，以保证商品供应的齐全性。这种商品利润控制的管理法，就需要依靠商品配置表来给予各种商品妥当贴切的配置陈列，以达到提高商店整个利润水平的目的。

6. 超市连锁经营标准化管理的工具

利用商品配置表统一管理连锁超市，形成规范化、高效化、标准化的管理模式。

连锁超市都有众多门店，达到各门店的商品陈列的一致，是连锁超市公司标准化管理的重要内容，有了一套标准的商品配置表来进行陈列一致的管理，整个连锁体系内的陈列管理就比较易于开展。同时，商品陈列的调整和新产品的增设，以及滞销品的淘汰等管理工作的统一执行，就会有计划、有蓝本、高效率地开展。

（二）商品配置表的设计

商品配置表以一座货架为规划的基础，原则上一张表格代表一座货架，长度以 90 厘米及 120 厘米为标准，高度则按使用的情况设定，可以是 135 厘米、155 厘米、165 厘米、180 厘米或更高，应视场地及经营理念而定。通常只要将规格、号码、排面数、售价表现在表格上。

　　1. 商品配置表的制作原理

　　每一个商品都应给予一个相对稳定的空间，主要考虑该商品在商品结构中的地位，又要考虑商品配置会影响商品的销售效果，同时也应注意商品的关联性配置对销售效率的影响。

　　制作商品配置表最重要的依据是商品的基本特征及其潜在的获利能力，应考虑的因素为：

　　（1）周转率。高周转率的商品一般都是顾客要寻找的商品，即必需品，其应在商品配置表较明显的位置，尤其要与低周转率的商品有关系。

　　（2）毛利。毛利高的商品通常也是高单价的商品，其应放在较明显位置。

　　（3）单价。高单价商品的毛利可能高也可能低，高单价又高毛利的商品应放在明显位置。

　　（4）需求程度。在非重点商品中，具有高需求、高冲动性、随机性需求特征的商品，一般陈列在明显位置。销售力越强的必需品，给顾客的视觉效果应越好。其主要能见因素为：顾客的视线移动，一般由左到右；视线焦点一般在视线水平的商品；最不容易注意最底层商品。

　　（5）空间分配。运用高需求或高周转商品来拉顾客的视线焦点，纵横贯穿整个商品配置表；避免将高需求商品放在视线第一焦点，除非该商品具有高毛利的特性；高毛利且具有较强销售潜力的商品，应摆在主要视线焦点区内；对潜在的销售业绩越大的商品，就应该给予最多的排面。

　　2. 商品配置表的制作责权

　　商品配置表分为商品平面配置图和商品立体陈列表。包括货架决定、卖场内各类商品的部门配置、各部门所占面积的划分、商品价格、商品排面数、最小订货单位、商品空间位置、商品品项构成等决定以及实际陈列和配置表的印制。

　　主要由采购人员来主导，其他部门充分配合。

二、商品配置表的制作与修正

（一）商品配置表制作的特点

　　（1）商品配置表的制作作为一项实践性和操作性很强的工作，需要门店工作人员以认真、谨慎的态度予以对待。一般情况下，工作人员先要做货架的实验配置，达到满意效果后再制作商品配置表。各个货架是商品配置表制作的基础，通常，一个货架就应有一张商品配置表。设计商品配置表格式，要先确定货架的标准，再把商品的品名、规格、编码、排面数、售价表现在表格上即可。

（2）商品配置表的制作，可分成新开店制表和已开店配置表修改两种情况来进行。商品配置表是决定单品项商品在货架上的排面数，这一工作必须遵循有关商品陈列的原则，运用好商品陈列的技术。如商品配置在货架的上段、中段还是下段等，还须考虑到超市的采购能力、配送能力、供应厂商的合作等诸多因素，只有这样才能将商品配置好。商品配置表的制作是一项艰苦的工作，也是一项实践性和操作性很强的工作，需要采购人员认真钻研，所以在制作商品配置表时，采购人员应先作货架的实验配置，达到满意效果后，才最后制作商品配置表，所以采购部门要有自己的实验货架。由采购部门制作的商品配置表下发至新开设的超市门店后，门店将依据这些表格来订货、陈列，只要在货架上贴好价目卡就可营业。

（二）新开店商品配置表的制作

新开店的商品配置表的制作，是一个新的超市卖场商品管理全新内容的开始，一般可按以下程序进行：

1. 商圈与消费者调查

总部对新开超市的情况，根据商圈调查及消费者的需求，来决定该店的最佳经营范围，即确定商品的构成。

商圈调查主要是弄清新店属地的市场容量、潜力和竞争者状况。消费者调查主要是掌握商圈内消费者的收入水平、家庭规模结构、购买习惯、对超市商品与服务的需求内容等。经过这两项调查，新店的经营者就可开始构思新店要经营什么样的商品了。

2. 根据营业面积分配大类商品的经营配置图

在了解到商圈内消费者对商品的需求调查后，商品部门就要提出新开设的超市商品经营类别，由采购部会同门店人员共同讨论决定每一个商品大类在超市门店卖场中所占的营业面积及配置位置，要提案列出新店应经营哪几大类（部门）的商品。把适合商圈内销售的商品大类做几种形态的组合，确定商品经营类别，并制定出大类商品配置图。

3. 将部门中的每一个中分类安排到中分类的配置表中

当商品经营的大类及配置完成后，采购人员就要将每一个中分类商品安置到各自归属的大类商品配置图中去。

4. 收集中分类中可能经营的单品品项，并按符合商圈顾客需求做出经营选择

此项工作分三个步骤进行：

（1）品种资料收集。到这一步才真正进入制作商品配置表的实际工作。采购人员要详细地收集每一个中分类内可能出售的单品项商品资料，包括单品项商品的品名、规格、成分、尺寸、包装材料和价格等。这些资料应尽可能收集齐全，最好能一类一类地建立在电脑档案内，便于比较分析及随时调阅。

（2）品种挑选及决定。品种资料收集齐全后，将所有中分类里的商品价格、包装规格及设计依商品的品质及用途做一个详细的比较，对这些单品项商品进行选择，将最符合商圈顾客需要及能衬托出公司优势的商品依优先顺序挑选出来，依次排列，筛选出需要的品种，挑选出适合超市门店商圈消费需要的单品项商品，并列出商品台账。

（3）将单品项商品做一个陈列面安排，并与门店周围的商店做出一个比较优势的分析，在分析的基础上对单品项商品作必要的调整，并最后决定下来。

5. 商品构成的决定

商品品项决定后，根据市场调查得来的商品畅销度和附近竞争店的商品结构做一个综合比较，把商品的陈列面依研判的畅销度做一个适当的安排，并把这些商品与附近竞争店的商品结构进行比较，看商品品种数、陈列面、优势商品、价格是否比主要竞争对手更具优势，否则就应再调整到最佳的情况，从而形成商品配置的初步设想。

6. 将初步设想落实到货架上去

实地绘制商品配置表、品种配置规划。这一步骤是把已决定的品种及排面数实际地配置到货架上，这也是最耗时的一个步骤。什么商品要配置到上段或黄金线，什么商品要配置到中段或下段，都要应用到陈列的原则、经营理念以及与供应商的合作关系，同时也需要考虑竞争对手的情况、自身的采购能力与配送调度的能力，这样才能把配置的工作做好。如有的连锁超市本身设有配送中心，其采购条件优越，商品的调度能力也强，在配置时就应优先考虑配置这些商品；有些连锁商店发展自己的品牌及自行进口商品，在配置时这些商品都会被优先安排到好的位置。商品配置是活的，好与坏全看能否灵活运用。

7. 商品配置表送到新开店铺中，按表执行商品的上架陈列

商品配置完成，也就完成了一套商品配置表。根据这张表来订货、陈列，然后把价格卡贴好，基本就算完成了此项工作，但最好能把实际陈列的结果拍摄下来，以作为修改辨认的依据。

8. 根据经营状况调整

经过一段时间后，可对商品配置表进行变更或修正。

9. 制定商品配置表定期修止规划

已经进入正常经营店铺的商品配置不能永不改变，要根据经营状况定期如一个月或一个季度变动一次，一年大变动一次。这是商店保持经营活力、增加新鲜感的重要环节。

全面地、标准化（电脑绘制）地使用商品配置表指导店铺的商品陈列具有重要意义。

（三）商品配置表的修正

（1）由于店铺的实际面积以及卖场形态与标准店铺有差异。

（2）经过销售分析，发现商品在此位置不利于销售。

（3）由于季节、时令、促销等因素，也要对商品配置表进行修改。

（4）新产品引进及品项变动，商品淘汰、临时性断货，应用商品或新商品来补空位。

商品配置表的修正权在总部，门店有建议权。

（四）旧店的配置变更或修正程序

一家店开了以后，并非商品配置好了就永不变更了，而是要根据经营的状况加以修改变更。这种变更的工作最好是在固定的时间进行，不要想变就变、想动就动，否则商品配置很容易出现混乱、不易控制的情形。修正商品配置表的程序如下：

1. 检查 POS 销售资料

有 POS 设备的超市，每个月一定要检查商品的销售状况，看看哪些商品畅销、哪些商品滞销，打印出这些商品，并寻找畅销及滞销的原因。假如超市仍未设置 POS 系统，则可从进货量中去检查哪些商品特别畅销及滞销。当然，从进货量中去判断时，要稍加检查库存的情形才能判断出商品是畅销还是滞销。

2. 确定滞销品并进行淘汰

商品滞销的原因很多，可能是产品本身不好、厂商的营销方法不佳，也可能是季节性的因素，更可能是商店的陈列或定价等因素造成。所以滞销原因追查出来后，要判断是否可能改善，若无法改善且已连续几个月皆出现滞销，就要断然采取剔除的工作，以便能引进更有效率的商品。

3. 调整畅销品的陈列面及进行新品项的导入

对于特别畅销的商品应检查其陈列面积是否恰当，同时对于因删除品项而多出的空间，应导入新商品，以更替滞销品。

4. 进行实际的调整工作

修正配置的最后一个步骤，当然是实际的调整工作。牵一发则动全身，修改

表 5 - 1 商品配置表（样表）

CODE	品名	规格	卖价	发注单位	位置	排面	最小库存	最大库存	厂商

分类 NO: 货架 NO:

姓　名: 制作人:

| 170 |
| 160 |
| 150 |
| 140 |
| 130 |
| 120 |
| 110 |
| 100 |
| 90 |
| 80 |
| 70 |
| 60 |
| 50 |
| 40 |
| 30 |
| 20 |
| 10 |

CM 10 20 30 40 50 60 70 80 90 100 110 120

表 5－2　商品配置表（例表）

CODE	品名	规格	卖价	发注单位	位置	排面	最小库存	最大库存	工商
700298			199	1	A1	1	1	3	7198
700203			206	4	A2	2	4	24	7060
700219			69	10	B1	2	10	30	7061
700204			19	20	B2	2	10	30	7060
700218			39	20	C1	2	10	20	7061
700211			19	20	C2	2	10	30	7001
700296			39	20	D1	2	10	30	7198
700216			49	20	D2	2	10	30	7092
700297			32	20	E1	2	10	50	7198
700223			39	20	E2	2	10	110	7062
700222			32	20	E3	2	10	50	7061

分类NO: 洗衣粉　　货架NO:
姓名：　　制作人：

货架陈列图（CM: 10 20 30 40 50 60 70 80 90 100 110 120）

CM	陈列内容
170	
160	A牌肥皂　700297 ｜ B牌肥皂　700223 ｜ C牌肥皂　700222
150	2F　32 ｜ 2F　39 ｜ 2F　32
140	A 洗衣粉 800g ｜ B 洗衣粉 750g
130	700216
120	3F　39 ｜ 2F　49
110	C 洗衣粉 800g ｜ D 洗衣粉 900g
100	
90	2F　39 ｜ 2F　49
80	A 洗衣粉 1.8kg ｜ B 洗衣粉 1.5kg
70	700219 ｜ 700204
60	2F　69 ｜ 2F　49
50	C 洗衣粉 2.5kg ｜ D 洗衣粉 1.8kg
40	
30	700298 ｜ 700203
20	
10	1F　199　40　28　60　206

CODE：店内码。位置：最下层 A，二层 B，三层 C，由左而右 A1、A2、A3……；B1、B2、B3……；C1、C2、C3……
排面：一面为 1F。二面为 2F。
最小库存：以 1 日安全存量；最大库存；以货架满陈列量。

一个品项，有时可能会牵涉整个货架陈列的修改，但为维持好的商品结构，虽然烦琐，也要进行。有些店经营时间日久之后，商圈入口、交通状况、竞争情形都出现了变化，这时必须大幅度地修改商品配置甚至连大类配置都要变，这是大修改。这种情况下，则应比照新开店的方式来制作商品配置表，如此会进行得比较顺畅、完整。

第三节　商品陈列研究

商品陈列的优劣决定着顾客对门店的第一印象，使卖场的整体看上去整齐、美观是卖场陈列的基本思想。陈列还要富于变化，不同陈列方式相互对照效果的好与坏，在一定程度上左右着商品的销售数量。

要充分地将这些基本思想融入到货架、端头、平台等各种陈列用具的商品陈列中去。

一、陈列商品的原则

（一）一目了然的原则（显而易见的陈列原则）

对连锁超市而言，商品陈列是最大的，也是最直接的销售手段，要做到让商品在货架上达到最佳的销售。因此：

1. 要使商品陈列让顾客容易看见必须做到

（1）商品品名和贴有价格标签的商品正面要面向顾客。

（2）每一种商品不能被其他商品挡住。

（3）进口商品应贴有中文标识。

（4）商品价目牌应与商品相对应，位置正确。

（5）价格标签必须标示在醒目的位置，标识必须填写清楚，产地名称不得用简称，以免顾客不清楚。

（6）直接写出特价的数字比告诉顾客折扣数更有吸引力。实践证明，超市的商品价格标签位置对顾客挑选商品时，也会产生积极的影响。因此，规范打贴价格标签的位置，就显得十分重要。

2. 商品陈列位置要容易找到

商品陈列位置符合顾客的购买习惯，对一些季节性的、节日期间、新商品的推销区和特价区的商品陈列要显著、醒目，使顾客明白商品所表达的意思。

3. 陈列的商品要使顾客容易看见

商品要正面面向顾客。商品摆放要从左到右，标价牌固定在第一件商品下端，作为商品位置起点标记和隔邻商品的分界线。商品陈列在货架上端时，要稍倾斜，使顾客能看清楚。陈列器具、装饰品以及商品 POP 不要影响店内购物顾客的视线，也不要影响店内照明光线。

（二）容易挑选的原则

1. 有效地使用色彩、照明

决定货架上商品位置的时候，要注意商品外包装颜色搭配的艺术性，尽量使顾客感到舒适、醒目。对于鲜肉、鲜鱼生鲜食品柜，灯光可以选择淡红色，以增加商品的鲜度感。对于需要强调的商品，可以用聚光灯加以特殊的照明，以突出其位置，引起顾客注意。

2. 陈列的状况要使顾客容易挑选

按适当的商品分类进行陈列，不要给顾客混乱的感觉。商品陈列的价格牌、商品 POP 牌摆放要正确，要明确显示商品的价格、规格、产地、用途等。尤其是特价陈列，就更要明确与原价的区别处。必要时可向顾客提供购物参考、购物指南、商品配置图等，使顾客进店后，马上就能找到自己所需的商品。

3. 商品的陈列要使顾客有比较性的选择

同类商品的花样、颜色、尺寸有所不同，陈列时要便于顾客分清挑选。同类不同品质的商品陈列也便于顾客比较选择。在某类商品脱销时，要及时向顾客推荐展示代用品。

4. 系列商品的垂直陈列，也叫纵向陈列

纵向陈列能使系列商品体现出直线式的系列化，使顾客一目了然。系列商品纵向陈列会提高 20% ~ 80% 的商品销售量。

5. 系列商品横向陈列，顾客在挑选系列商品某个单品时不方便

系列商品如横向陈列，顾客在挑选系列商品某个单品时，就会感到非常不便。因为人的视觉规律是上下垂直移动方便，其视线是上下夹角 25 度。顾客在离货架 30 ~ 50 厘米距离时挑选商品，就能清楚地看到 1 ~ 5 层货架上陈列的商品。而人视觉横向移动时，就要比前者差得多，因为人的视线左右夹角是 50 度。在顾客离货架 30 ~ 50 厘米距离时挑选商品，只能看到横向 1 米左右距离内陈列的商品。

系列商品横向陈列在一个段位就会造成要么销售很好、要么销售很差的

现象。

70%左右的顾客到超市购物都是带有目的性的，如横向陈列就会影响其他顾客在通道内行走或挑选商品所带来的不便。同时，因横向陈列顾客在挑选商品时要往返好几次，否则，就必然会将某些商品漏看。顾客在纵向陈列商品面前一次性通过时，就可以看清楚整个系列商品，从而会起到很好的销售效果。

6. 同类商品要垂直陈列，避免横向陈列

由于顾客选择商品不同品种时，视线上下垂直移动比横向移动方便，所以同类商品采取垂直陈列的方法，使同类商品在货架上的不同段位上都能享受到销售的机会。

（三）便于取放的原则

1. 商品陈列的位置要适当方便

如果顾客拿不方便，就会很扫兴，大大降低购买的欲望。所以货架上陈列的商品与上隔板应有一段距离，便于顾客的手能伸进去取放商品。这个距离要掌握合适，以手能伸进去为宜。太宽了影响货架使用率，太窄了顾客无法拿取商品。

2. 方便性

（1）商品陈列在顾客容易拿取的位置。

（2）争取好的陈列点，争取顾客能从不同的位置、方向取得商品。

（3）保证货架上至少有80%的商品，可以方便顾客选购。

（4）记住货架的正确位置，避免将不同类型的商品混放，促销宣传品不要贴在商品上。

3. 商品陈列还要考虑到顾客的身高

不要把商品放在顾客手拿不到的位置。放在高处的商品即使顾客费了很大的劲拿下来，如果不满意，很难再放回原处，也会影响顾客的购买兴趣。

4. 商品陈列稳固性

商品陈列在于帮助销售而不是特技表演。货架上陈列的商品要稳定，排除倒塌的现象，给顾客以安全感。超市经营的瓶装商品较多，如调料、酱菜、水果罐头、咖啡、奶粉、乳品等。一般一层货架只能摆放 1～2 层，如果摆放得太高，一是不便于顾客取放，二是稍不注意，就有碰倒商品、砸伤顾客的可能，不仅损失了商品，也破坏了顾客的购买情绪。

做整箱展示时，既要考虑适当高度以保持吸引力，更要顾及其稳固性。整箱展示时，应把打开的箱子摆放在一个平稳的位置上，更换空箱从最上层开始以确保安全。

（四）具有吸引力的原则

（1）充分利用现有商品数量，集中堆放以显示气势。

（2）正确贴上商品价格标签。

（3）完成陈列工作后，故意拿掉几个商品，一来可以方便顾客拿取，二来借此显示良好的销售状况。

（4）陈列时将自己的商品与其他品牌的商品划分清楚。配合陈列空间的大小，充分利用广告宣传品吸引顾客的注意；也可运用整堆不规则的排列法，节省时间，并创造特价优待的意义。

（五）丰富丰满的原则（放满陈列的原则）

超市的商品做到放满陈列，可以给顾客一个商品丰富、品种齐全的直观印象。同时，也可以提高货架的销售能力和储存功能，还相应地减少了超市的库存量，加速商品周转速度。有资料表明，放满陈列可平均提高24%的销售额。因此，商品放满陈列要做到以下几点：

1. 货架每一格至少陈列三个品种

畅销商品的陈列可少于三个品种，保证其量感；一般商品可多于三个品种，保证品种数量。

当畅销商品暂时缺货时，要采用销售频率高的商品来临时填补空缺商品的位置，但应注意商品的品种和结构之间关联性的配合。

2. 货架上商品数量要充足

超市要对每种商品每天的时段销售量要有准确的统计数字，尤其要考虑平日与周六、周日的区别，注意及时增减商品数量。使商品的陈列量与商品的销售量协调一致，并根据商品的销售量确定每种商品的最低陈列量和最高陈列量，以避免货架上"开天窗"（脱销）和无计划地堆放商品，给顾客单调的感觉。

3. 货架上商品品种要丰富

商品品种丰富是提高销售额的主要原因之一。品种单调、货架空荡的商店，顾客是不愿意进来的。超市的一个货架上每一层要陈列3~4个品种，小超市则要更多一些。从国内超市经营情况看，店堂营业面积每平方米商品的品种陈列量平均要达到11~12个品种。

（六）整齐清洁的原则

（1）做好货架的清理、清扫工作。这是商品陈列的基本工作，要随时保持货架的干净整齐。

（2）陈列的商品要清洁、干净，没有破损、污物、灰尘。尤其对生鲜食品，内在品质及外部包装要求更加严格。不合格的商品要及时从货架上撤下。

（3）商品的陈列要有感染力，要引起顾客的兴趣。要注意突出本地区主要顾客层的商品品种、季节性商品品种、主题性商品品种，用各种各样的陈列方式，平面的、立体的，全方位展现商品的魅力，最大限度地运用录像、模型、宣传板等，使商品与顾客"对话"。

（七）避免损失的原则（前进陈列的原则）

当商品第一次在货架上陈列后，随着时间的推移，会不断被销售出去。这时就需要进行商品的补充陈列。补充陈列就是要遵循前进陈列的原则来进行。

（1）要将原先的陈列商品取下来，用干净的抹布擦干净货架。然后，将新补充的商品放在货架的后排，原先的商品放在前排面。因为商品的销售是从前排开始的，为了保证商品生产的有效期，补充新商品必须是从后排开始。

（2）当某一商品即将销售完毕时，暂未补充新商品，这时就必须将后面的商品移至前排面陈列（销售），绝不允许出现前排面空缺的现象，这就是要做到前进陈列的原则。如果不按照先进先出（前进）陈列的原则，那么后排面的商品将会永远卖不出去。超市的食品是有保质期限的，因此，采用先进先出的方法来进行商品补充陈列，可以在一定程度上保证顾客购买商品的新鲜度，这也是保护消费者利益的一个重要方面。

（3）坚持商品先进先出。货架上的商品卖出后，需要不断地补充商品。补充商品的方法是从后面开始，而不是从前面把商品推出去。具体的方法是把货架上原有的商品取出来，放入补充的新商品，然后再把原来的商品放在前面。对一些保质期要求很严的食品，用先进先出的方法补充商品，既可保证顾客购买商品的新鲜度，又不会使排在后面的商品超过保质期，给商店造成损失。

（八）保持新鲜感的原则

采用多种不同的商品陈列方法，并定期变化，增强店堂的新鲜感、变化感。

商品陈列技术是超市销售的基本技术，如果运用得好会大大提高销售量。据资料表明，正确地运用好商品的陈列技术，销售量可在原有的基础上提高30%。

二、商品陈列的技术要求

（一）体现商品陈列效果的工作顺序

在有限的超市卖场内，将商品高效率地配置和陈列，使销售工作高效有序地进行，可以按照以下的工作顺序操作：

1. 在陈列货架的范围内，各类商品分别配置

各类商品在陈列货架上占用的位置和面积的多少是体现商品陈列效果的最重要的环节，必须根据统计数据如商品的周转率、利润率、销售额及销售未来动向来做出决定。一般来讲，对于销售情况佳的商品应给予好的位置和较多的陈列面积，而对于销售不佳的商品没有必要让它占用好的位置和给予较多的陈列面积，但也要防止出现相反的情况，即防止有经常脱销的商品，因为即使是销售不佳的商品，也可能是顾客日常所需的商品，只要是属于体现超市商品齐全性原则的商品，仍要坚持销售。

2. 规定每一种商品的标准陈列量和最低陈列量

所谓商品的标准陈列量是指商品的陈列量达到最显眼并具有表现力的数量，而所谓最低陈列量是指商品没有表现力的数量。在商品管理上，当商品陈列量到达最低陈列量时，就可以认为该商品卖空了，在确定需要达到标准陈列量的商品时，其原则是该商品一般是能吸引顾客，达到高销售和较高利润的商品。也就是说不是每一种商品都应达到标准陈列量。

3. 规定商品陈列的工作人员和陈列时间

对应于超市在营业上的空闲时间和商品的最低陈列量，就可以规定商品陈列以及补充的作业。这种规定一般用制度来加以实施，即制定制度，规定由谁、在什么时间、到什么地方，陈列和补充商品。

4. 决定商品陈列的表现手法

超级市场商品陈列的表现手法一般分为三种，即一般陈列的表现手法、特别销售陈列的表现手法和渲染气氛陈列的表现手法。每一种陈列的表现手法也各不相同，所以要根据超市每一阶段所要实现的目标，预先决定采用哪一种陈列，并采用怎样的表现手法，以达到陈列的促销效果。

5. 决定超市的促销广告

计划好促销广告、特卖价格告示以及其他的促销手段，设定好促销的策略，使商品的陈列借助好的促销广告把销售推进到一个新的高度。

6. 统一决定重点销售的商品

对连锁形态的超市公司来说，统一决定各门店的重点销售商品尤为重要，它是连锁公司统一销售计划的重点内容之一。该决定就是要制订出超市每周、每天的重点销售商品的计划，包括商品的销售数量、折扣率以及顾客所能得到的其他利益。

7. 超市卖场工作分配

超市卖场中商品的陈列状态是不断变化的，所以要围绕商品陈列达到最好促销效果这一中心，将商品的整理、调整、检查、促销广告等做一个合理的分配。

以上所述的商品陈列效果的工作顺序，就是要依靠所确立的商品与卖场的管理体制来完善高效的保证市场销售体制的运转和实现。商品陈列是超市与其他业态的零售业不同的、最直接的也是最重要的销售手段。

（二）商品陈列设备和用具管理

1. 使用陈列设备、用具的要求

陈列柜、陈列台、柜台，这些陈列小道具和其他陈列用品，不仅使商品突出而对顾客具有吸引力，而且便于商品的管理和整理场地。由于陈列设备的配置决定店内的通道，因此，很好地利用陈列设备是非常重要的。

在使用陈列用具时，必须注意下列各点：

（1）需要裸露陈列的商品，不能放在陈列柜里。

（2）陈列用具必须同商品的性质、形状、颜色相符合。

（3）商店进门的地方，不能摆太大陈列柜和高柜台，否则顾客就看不见商店内部。

（4）陈列柜等一般是放在门店里边，要留一条使顾客容易进入的通道。

（5）陈列用具不要单一，要有高、低、大、小等各种式样的。

（6）陈列用具一定不要过多。陈列品的高度要从顾客的眼睛到胸部比较合适，这个高度陈列效果最好，所以这一部分必须充分利用，另外要利用商店内柱子、陈列架挂吊等，同时要制作各种形状和性能的漂亮的陈列用具。总之，对商店内的各个部分要加以充分利用，使其具有生气和充实感，使陈列用具具有吸引力，就要从上述各点上进行认真的研究。特别是在需要新型陈列用具比较多的一流商店里，为了更好地发挥陈列用具的作用，更要研究制作各种美观适用的陈列用具。不管同业或他业，都要充分注意一流商店的倾向。不只是模仿，还要根据自己商店的具体情况，进行研究后灵活使用。

2. 陈列设备、用具的使用方法

（1）陈列架。这是布置、美化店内墙壁的重要用具。关于陈列架的使用，过去都是放置与陈列架幅度相同的东西。现在实行了凹面陈列，在便于顾客参观商品上作了改进。陈列架都换成特制的，高度和宽度同商店的空间和商品的尺寸大小相一致。另外，为使小商品容易看到，小商品不宜放置在陈列架里面，应放置在前面，使顾客容易看到。由于陈列架很高，上面的商品顾客手够不到，所以要求让顾客用手可以够到的商品，必须放在160厘米以下，如果是名牌商品，放置的高度要以店员的手够到的范围为好。

店堂很深的商店，墙壁面如果全部用陈列架陈列，就会显得过分单调。商店里边的角落可以作为舞台、陈列模型，特设营业室使用。总之，对商店空间要有效地加以利用。

（2）陈列小道具。指安装在营业台、陈列台上的用来吊挂和摆放商品的小陈列用具，一般是需要裸露陈列的商品使用它，用它来弥补大的陈列用具的不足，或者为使平面陈列有高低起伏的变化而使用的道具。小道具的使用，便于顾客产生联想，从而刺激购买欲。但是也要注意：

1）不要勉强使用与商品大小不合适的陈列道具，反而弄巧成拙。

2）不是非要使用很贵的高级玻璃板才会美观，使用金属工具、塑料用具有时一样的美观大方，不要造成不必要的浪费。

3）避免使用不适应季节变化的形状和颜色。

（3）陈列柜。一般地说，不要过多地使用陈列柜。因为不管什么商品都以裸露陈列为好。除了形状小、价格高的商品，或容易变色、污损的商品，必须放在玻璃柜里以外，其他商品都可以敞开陈列，要充分利用柜台和货架进行敞开陈列。

此外，还要很好地利用玻璃柜作为接待顾客的场所。但不能把陈列柜从腹部到胸部的高度全部用来代替计价台。这样的柜台里边的商品就不容易看见，因而失去陈列效果。因为最容易看见商品的高度是从眼下到胸部的范围。

选择陈列柜的时候，不仅是高度，也要研究搁板的宽度和数量，使之很好地与商品相配合。另外，陈列柜里商品太少显得过空不好；过多也不好，会像商品仓库一样，使商品陈列柜显得有丰盛的感觉但又不显拥挤为最好。

（4）柜台。特别是在日用品商店里，商店的中央部分多数使用柜台。柜台里可以陈列没有包装的商品，使顾客很容易就看见自己喜爱的商品，这是很好的。切忌裸露陈列过多，把商店全部设计成平面陈列，好像全部商品都是廉价商品似的。另外，若商品陈列的位置和顾客眼睛不成直角，这种陈列就不会显眼。

为了克服这种缺点，要在柜台上下功夫，用提高柜台中部的办法，把柜台上层进行立体陈列。因为柜台的拐角妨碍商店内部的通行，因此要把柜台设计成曲线的。

（5）特价台。这是为了刺激顾客的需求欲望而设置的。因而，应当把最能刺激顾客的商品陈列在特价台容易取放的地方，使顾客止步，达到吸引顾客进店买东西的目的。因而，根据销售方针，廉价甩买商品要单设一个地方；诱人的商品放置一个地方；季节性商品和时兴商品放在另一个地方。这样可使整个超市繁华、活跃起来，就会引起顾客购买的冲动。所以要考虑特价台的形状和大小，要讲求实用。

因为特价台是占超市最重要的地方的陈列台，所以这种特价台用薄木板制作，或者做得比较粗糙都不合适，若用空箱、用旧的柜台，就更不相称了。特价台很旧，即使其他陈列柜橱都是上等的，也会把商店看成是很简陋的。特价台的大小宽度，要按照通路的宽窄来决定。最好是能够自由移动，不妨碍营业；亦可以用分区、分片式的，几个台轮换摆放，这样既可以变换商店模样，又不会浪费。柜台的高度，要便于顾客自由地选择商品，最低 65 厘米，最高 90 厘米左右为好。如果太高就看不到店内了。

使用特价台应当注意的是特价台的作用，使顾客在商店前面停留后，再进入店内。所以单价高的商品，不能摆在特价台上。因为特价台是随手可以取到商品的，特价台做得过大，陈列在中央部位的商品用手就够不着，而且陈列数量过少了，又显得太空。另外，为了更好地把顾客引进店内一定要保持店前和通路不被堵塞。

（三）商品陈列需注意的几个问题

1. 商品陈列、展示的注意事项

商品陈列、展示的注意事项，基本上可分为放置式陈列、展示的注意事项。

（1）是否归纳同种商品，并将有关联性商品连接地陈列。

（2）是否将颜色及设计款式，以容易区分的方式排列。

（3）采取堆放陈列的场合，是否乱七八糟地陈列。

（4）是否担心堆积的商品太重而倒塌，是否使用了隔板。

（5）手够不到之处是否堆太多商品，或太少而显得单薄。

2. 粘贴式陈列、展示的注意事项

（1）是否毫不经心地平面贴上，而损商品的魅力。

（2）贴上镶板时，是否全体均匀。

（3）贴上去的商品和器材是否呈现不安定的状态。

（4）贴上的背景材料和颜色，是否与商品相差悬殊，抹杀商品的魅力。

3. 悬挂式陈列、展示的注意事项

（1）是否一触摸商品就掉落，器材倒塌。

（2）垂吊的商品，从顾客的角度看是否高度适当？是否在手可取得的高度。

（3）商品悬挂是否太多、太低，有碍店内的透明度？

（4）在通道上悬挂陈列，是否妨碍通向店内？

（5）是否常留意灰尘和褪色。

4. 陈列设备及其活用

为了有效地陈列商品，掌握商品的保养、收存要领，并准备相关设备和用具、补助器材是必要的。

所谓店铺构成，也就是商品结构与设备、日常道具的组合。但同样的设备却依其业别与商品的种类，而各有不同的运用方法。这些陈列设备和道具的种类如何运用好均与展示效果有关。

5. 陈列的易观看性、易选择性

一般情况下，由人的眼睛向下 20 度是最易观看的。人类的平均视觉是由 110~120 度，可视宽度范围为 1.5~2 米，在店铺内步行购物时的视角为 60 度，可视范围为 1 米。除高度、宽度外，为使商品容易观看，商品的分类也是很重要的。

6. 陈列的易取性、易放回性

顾客在购买商品的时候，一般是先将商品拿到手中从所有的角度进行确认，然后再决定是否购买。当然，有时顾客也会将拿到手中的商品放回去。如所陈列的商品不易取、不易放回的话，也许就会仅因为这一点便丧失了将商品销售出去的机会。

7. 给人感觉良好的陈列

（1）清洁感。不要将商品直接陈列到地板上，无论什么情况都不可将商品直接放到地板上。注意去除货架上的灰尘、锈、污迹，有计划地进行清扫，对通道、地板也要时常进行清扫。

（2）鲜度感。保证商品质量良好，距超过保鲜期的日期较长，距生产日期较近。保证商品上不带有尘土、伤疤、锈等。使商品的正面面对顾客。提高商品魅力的 POP 也是一个重要的因素。

（3）新鲜感。符合季节变化，不同的促销活动使卖场富于变化，不断创造出新颖的卖场布置、富有季节感的装饰。

1）设置与商品相关的说明看板，相关商品集中陈列。

2）通过照明、音乐渲染购物氛围。

3）演绎使用商品的实际生活场景。

4）演示实际使用方法促进销售。

8. 提供信息、具有说服力的卖场

通过视觉提供给顾客的信息是非常重要的，顾客由陈列的商品上获得信息的方式有：陈列的高度、位置、排列、广告牌、POP……

9. 陈列成本问题

为了提高收益性，要考虑将高品质、高价格、收益性较高的商品与畅销品搭配销售。

关联商品的陈列，要考虑适时性，降低容器、备品的成本，同时要提高效率，防止商品的损耗。

三、商品陈列方法

商品陈列的基本方法可分为量感陈列和展示陈列。

（一）量感陈列

量感陈列一般指商品陈列数量的多寡。但这种观念正在逐渐地发生变化，从只强调商品数量多寡的做法，改变成注重陈列的技巧，而使顾客在视觉上感到商品很多。如所要陈列的商品是50件的话，那么通过量感陈列让人觉得不止50件商品。所以，量感陈列一方面是指实际很多；另一方面指看起来很多。

量感陈列一般适用于食品杂货，以亲切、丰满、价格低廉、易挑选等来吸引顾客。

量感陈列的具体方法很多，如店内吊篮、店内岛、店面敞开、铺面、平台、售货车及整箱大量陈列等。其中整箱大量陈列是中型超市常用的一种陈列手法，或在卖场内辟出一个空间或拆除端架，将单一商品或2~3个品项的商品做量感陈列。

一般应用于低价促销、季节性促销、节庆促销、新品促销、媒体大力宣传、顾客大量购买等。

（二）展示陈列

展示陈列是指门店内为了强调特别推出商品的魅力而采取的陈列方法。这种陈列一般适于百货类和食品类，虽然陈列成本较高，但能吸引顾客的注视和兴趣，营造店铺的气氛。

常用的陈列场所有橱窗、店内陈列台、柜台及手不易够到的地方（如货架顶端）等。

1. 体现展示陈列魅力的基本要求

（1）明确展示主题，弄清楚要表现什么或要向顾客诉求什么，如新鲜还是营养，时尚还是廉价。

（2）注意构成方法，要求商品陈列的空间结构、照明与色彩相互有机配合，如正三角形的空间结构给人以宁静、安定的感觉，而倒三角形则给人以动态感、不安定感和紧张感。

（3）注意表现手法，采用一些独特的展示手法吸引顾客的注意力。

2. 展示陈列表现手法

展示陈列常用的表现手法是：突出陈列、端头陈列、岛型陈列、去盖包装整箱陈列、悬挂陈列、树丛式陈列、散装或混合陈列等。

四、商品陈列的要领

从商品的陈列要领来讲，可以分为集中陈列和特殊陈列

（一）集中陈列法

集中陈列法是超市商品陈列中最常用和使用范围最广的方法，是把同一种商品集中陈列于一个地方，这种方法最适合周转快的商品。特殊陈列法就是以集中陈列为基础的变化性的陈列方法。

使用好集中陈列法，以下几点是在陈列作业中要特别引起注意的：

1. 商品集团按纵向原则陈列

商品集团可以把它理解成商品类别的中分类，而中分类的商品不管有多少小分类和单品项，都可以认同是一种商品，如蔬菜是一个大分类，芹菜是一个中分类，西芹、药芹和水芹是它的小分类。在实施集中陈列时应按纵向原则陈列，纵向陈列要比横向陈列效果好，因为顾客在挑选商品时，如果是横向陈列，顾客要全部看清楚一个货架或一组货架上的各商品集团，必须要在陈列架前往返数次，如果不往返，一次通过的话，就必然会将某些商品漏看掉，而如果是纵向陈列的话，顾客就会在一次性通过时，同时看清各集团的商品，这样就会起到良好的销售效果。

2. 明确商品集团的轮廓

相邻商品之间的轮廓不明确，顾客在选购商品时难以判断商品的位置，从而为挑选带来了障碍，这种障碍必须排除。除了在陈列上可以把各商品群区分出来外，对一些造型、包装、色彩相似的不同商品群，可采用不同颜色的价格广告牌加以明确区分。采用带颜色的不干胶纸色带或按商品色差陈列也不失为一种好的区分方法。

3. 集中陈列法要求第一排的商品数目要适当

要根据每种商品销售个数来确定面朝顾客第一排商品的个数。一般来说第一排的商品个数不宜过多，如个数太多，一个商品所占用的陈列面积就会过大，相应地商品的陈列品种率就会下降，在心理上也会使顾客产生商店在极力推销商品的压力，造成顾客对该商品的销售抵抗，所以第一排的商品陈列必须要适当。

有过这样一个调查，第一层商品日销售额个数约为 30 个，排面数为 10 个，而第二层商品日销售个数约为 60 个，排面数为 5 个。如果换成第一层商品排面数为 5 个，第二层商品排面数为 8 个，则第一层商品就可以卖出 32 个，比前面的排面数少了一半，但多卖掉了 2 个，第二层商品则能卖掉 25 个，多卖掉了 15 个，这是何等的效益啊！既提高了销售个数，又节约了陈列空间，为提高商品品种出样率创造了空间条件。

4. 集中陈列法要给周转快的商品安排好的位置

对于周转快的商品或商品集团，要给予好的陈列位置，这是一种极其有效的促进销售提高的手段。在超市中所谓好的陈列位置是指上段，即与顾客的视线高度相平的地方，其高度一般为 130～145 厘米。其次是中段，即与腰的高度齐平的地方，高度一般为 80～90 厘米。最不利的位置是处于接近地面的地方，即下段。

根据美国的一项调查资料显示，商品在陈列中的位置进行上中下 3 个位置的调换，商品的销售额会发生以下的变化：

（1）中段上升到上段 +63%。

（2）中段下降到下段 -40%。

（3）下段上升到中段 +34%。

（4）下段上升到上段 +78%。

（5）上段下降到下段 -32%。

（6）上段下降到中段 -20%。

美国的这份调查资料不是以同一种商品来进行试验的，所以不能将该结论作为普遍的真理来运用，但上段陈列位置的优越性是显而易见的。实际上目前普遍使用的较多的陈列货架一般高 165 厘米、长 100 厘米，在这种货架上最佳的陈列段位不是上段，而是处于上段与中段之间的段位，这种段位称为陈列的黄金线。下面以高度为 165 厘米的货架为例，将商品的陈列段位作 4 个区分，并对每一个段位上应陈列什么样的商品作一个设定。

上段。即货架的最上层，高度在 120～160 厘米，该位置通常陈列一些推荐商品，或有意培养的商品，该商品到一定时间可移至下一层即黄金线。

黄金陈列线。高度一般在 85～120 厘米，是货架的第二层，是人眼最易看到、手最易拿取商品的陈列位置，所以是最佳陈列位置。此位置一般用来陈列高利润商品、自有品牌商品、独家代理或经销的商品。该位置最忌讳陈列无毛利或低毛利的商品，那样的话对超市来讲是利益上的一个重大损失。

中段。货架的第三层是中段，高度为 50～85 厘米，此位置一般用来陈列一些低利润商品或为了保证商品的齐全性，及因顾客的需要而不得不卖的商品。也可陈列原来放在上段和黄金线上的已进入商品衰退期的商品。

下段。货架的最下层为下段，高度一般在离地 10～50 厘米。这个位置通常陈列一些体积较大、重量较重、易碎、毛利较低，但周转相对较快的商品，也可陈列一些消费者认定品牌的商品或消费弹性低的商品。

5. 集中陈列法要力求打破陈列货架的单调感

在现代的超级市场中，中央陈列货架和附壁式陈列货架能整齐地配置，商品可以秩序井然地陈列了。但是就是这种整齐的配置和有秩序的陈列，往往使人联想到军人列队式整齐排列，久而久之这种配置和陈列会使顾客产生单调感。因此为打破这种单调感，应该使用在高度上能自由变化的陈列架，使得商品陈列能灵活地变化。打破陈列架的单调感尤其对不处在主通道上的中央陈列货架更显重要，因为它能够把顾客吸引进去。变化性的陈列是打动顾客购物心，刺激其购物欲的利器，超市经营者必须多动脑筋。

6. 集中陈列要将必需品与刺激商品有机配合陈列

为了自然地引导卖场内顾客流量，在各重要地方要配置陈列必需商品，其旁边陈列刺激商品，这是超市商品平面布置的原则之一，也是刺激顾客扩大购买量的陈列方法。这种原则的贯彻可以用两种方法来表现：第一种方法是根据顾客自然流向，以刺激商品引起顾客的注意，然后配置准必需商品和必需商品，第二种方法是与第一种方法顺序相反，将刺激商品放在顾客自然流向的深处。

7. 集中陈列法要将相关联的商品汇集在一起

对消费者在消费过程中高度相关联的商品要汇集在一起陈列，尽管这些商品不属于同一个商品集团。关联商品汇集陈列销售是超市十分有效的促销策略之一。单纯一个商品往往难以让顾客感到其必要性，而将相关联的几种商品汇集在一起，经常会使消费者意识到这些商品的用途和对自己产生的效用价值，因而产生了购买欲望，最终导致了购买行为。如各种鸡翅和炸鸡粉是两类不同的商品，而在陈列中把它们汇集在一起，使顾客马上感到了炸鸡粉的效用价值，也就同时促进了这两种商品的销售。

8. 集中陈列法要给大小商品不同的位置

体积较小的商品应该陈列在与人的眼睛齐平的高度，这是为了体现商品陈列显而易见的原则，更重要的是为了防止顾客漏看了这些小商品。体积较大的商品应陈列在大货架的较下层，这样陈列位置由于商品大，顾客也容易看清，另外也便于顾客拿取商品，而不需要花很大的力气。

（二）特殊陈列法

在超市或其他采用自助销售方式的商店中，是由商品自己来推销自己的，商品陈列对超市而言是效果最大也最直接的销售手段，而特殊陈列则是助长顾客冲动性购买的最有效的手段。特殊陈列强调依靠优质和便宜，使商品对自己的推销效果得到进一步提高，因而是激发顾客购买欲望的陈列手法。特殊陈列的效果根据国外资料的统计，一般可使一家超市整体的营业额提高5%左右。采用特殊陈列法必须要贯彻关于商品陈列的基本原则，这样才能使这种陈列手法的作用得到发挥，但特殊陈列是要将顾客的注意力引向经特别选择要极力推销给顾客的商品，而往往也会在一定程度上影响商品陈列原则的贯彻，可以说只要特殊陈列的表现手法好，打破商品陈列的原则而引起的损失会远远抵不上进行特殊陈列所带来的利益，所以说超市的经营者应该善于打破一些陈列常规，大胆地进行特殊陈列，尤其对国内的超市来说，懂得并能表现特殊陈列的手法对企业的业绩会带来很大的提高。

在超市中，商品按类别集中式的陈列是最基本的陈列方法，它也构成了超市陈列卖场的基础。在采用集中陈列的基础上，还可以运用一些变化性的陈列方法，即特殊陈列法，以此打破陈列架的单调感，活跃卖场气氛。尤其是对不处在主通道上的中央陈列货架更显重要。因为它能够把顾客吸引进去，变化性的陈列是打动顾客购物心、刺激购物欲的利器。以下是几种常用的表现手法：

1. 整齐陈列法

整齐陈列法是将单个商品整齐地堆积起来的方法。只要按货架的尺寸确定商品长、宽、高的排面数，将商品整齐地排列就可完成。整齐排列法突出了商品的量感，从而给顾客一种刺激的印象，所以整齐陈列的商品是企业欲大量推销给顾客的商品，折扣率高的商品或因季节性需要顾客购买量大、购买频率高的商品，如夏季的清凉饮料等。整齐陈列的货架一般可配置在中央陈列货架的尾端，即靠超市里面的中央陈列货架的一端，但要注意高度的适宜，便于顾客拿取。对于大型综合超市和仓储式商场来说，一般在中央陈列货架的两端进行大量促销商品的整齐陈列。

2. 随机陈列法

随机陈列法是将商品随机堆积的方法。与整齐陈列法不同，该陈列法只要在确定的货架上随意地将商品堆积上去即可。随机陈列法所占的陈列作业时间很少，这种方法主要是陈列特价商品，它的表现手法是为了给顾客一种"特卖品就是便宜品"的印象。采用随机陈列法所使用的陈列用具，一般是一种圆形或四角形的网状筐（也有的下面有轮子），另外还要带有表示特价销售的牌子。随机陈列的网筐的配置位置基本上与整齐陈列一样，但是也可配置在中央陈列架的过道内，也可以根据需要配置在其需要吸引顾客的地方，目的是带动这些地方陈列商品的销售。

3. 盘式陈列法

盘式陈列法即把非透明包装商品（如整箱的饮料、啤酒、调味品等）的包装箱的上部切除（可用斜切方式），或将包装箱的底部切下来作为商品陈列的托盘，以显示商品包装的促销效果。盘式陈列实际上是一种整齐陈列的变化陈列法。它表现的也是商品的量感，与整齐陈列不同的是，盘式陈列不是将商品从纸箱中取出来一个一个整齐地堆积上去，就是整箱整箱地堆积上去。这样可以加快商品陈列的速度，也在一定程度提示顾客可以整箱购买，所以有些盘式陈列，只在上面一层作盘式陈列，而下面的则不打开包装箱整箱地陈列上去。盘式陈列的位置可与整齐陈列架一致，也可陈列在进出口处特别展示区。

4. 兼用随机陈列法

这是一种结合整齐陈列和随机陈列同时使用的陈列方法，其功能也同时体现两种方法的优点，但是兼用随机陈列架所配置的位置应与整齐陈列一致，而不能像随机陈列架有时也要配置在中央陈列架的过道内，或其他地方。

5. 端头陈列法

端头陈列质量的优劣，是关系到成功连锁店形象的一个主要方面。所谓端头是指双面的中央陈列架的两头，在超级市场中，中央陈列架的两端是顾客通过流量最大、往返频率最高的地方，从视角上说，顾客可以从三个方向看见陈列在这一位置的商品。因此，端头是商品陈列极佳的黄金位置，是卖场内最能引起顾客注意力的重要场所。同时端架还能起到接力棒的作用，吸引和引导顾客按店铺设计安排不停地向前走。引导、提示、诉求可以说是其主要功能，所以端头一般用来陈列特价品，或要推荐给顾客的新商品，以及利润高的商品。由此可见，端头陈列商品的多样性，必须要改变特殊陈列都是陈列特价品的观念。这就要求在端头陈列架商品的配置上，一部分可以是跌幅很大的特价品，另一部分可以是高利润的商品或新商品。

端头陈列法可以进行单一商品的大量陈列，也可以是几种商品的组合陈列。由于中央陈列架的端头是引人注目的主要场所，所以如果将几种商品组合陈列是能够将更多的顾客注意力引向更多的商品。在美国曾进行过一项调查，资料显示，将单一的商品陈列改为复合商品组合陈列，销售额就会有很大的提高。尽管销售额的提高会因商品的不同而有所差异，但销售额在任何情况下都会有相当大的增加。这个调查资料显示，可以将同一个商品在不同的中央陈列架内组合陈列，也就是说同一个商品可以在不同的货架上重复出现，但这种重复陈列必须是要将有关联的商品组合陈列在一起。目前国内许多超市所使用的中央陈列架有许多是半圆形端头，这样等于白白浪费了黄金的陈列空间。发挥端头的商品陈列优势，可以将这半圆形的端头去掉，放上一个单面货架，就可以进行端头陈列了。有些超市和便利店中的陈列货架是没有端头的，这往往是其面积与货架条件的限制所造成。然而从销售这一原则出发，宁可牺牲中央陈列货架的长度，也要为端头陈列争取出一定的卖场空间来。

6. 岛式陈列法

在超市的进口处、中部或者底部不设置中央陈列架，而配置特殊陈列用的展台，这样的陈列方法叫作岛式陈列法。如果说端头陈列架使顾客可以从三个方向观看的话，那么岛式陈列则可以从四个方向观看到，这就意味着，岛式陈列的效果在超市内也是相当好的。岛式陈列的用具一般有冰柜、平台或大型的货柜和网状货筐。要注意的是，用于岛式陈列的用具不能过高，如太高的话，就会影响整个超市卖场的视野，也会影响顾客从四个方向对岛式陈列商品的透视度。为了使顾客能够环绕岛式陈列台（架、柜、筐）选购商品，应给予岛式陈列以较大的空间。

相对于岛式陈列要求的较大空间来说，在空间不大的通道中间也可以进行随机的、活动式的岛式陈列。这种岛式陈列的用具是投入台、配上轮子的散装筐等。这种活动式的货架可以在商店内自由活动，以便根据需要而调整，所以能简单方便地配置在各种通道里的任何地方，只要是需要的话。这种岛式陈列的商品量虽然有限，但可被广泛地利用来促进销售。采用活动式的货架作随机型的岛式陈列其促销效果是相当明显的，尤其是在卖场没有竞争商品的时候，效果就显著，它会带动超市整体的销售额上扬，即使撤下了活动货架，其促销的效果还会有一个滞后的效应。

7. 窄缝陈列法

在中央陈列架上撤去几层隔板，只留下底部的隔板形成一个窄长的空间进行特殊陈列，就叫窄缝陈列。窄缝陈列的商品只能是1个或2个单品项商品，它所要表现的是商品的量感，陈列量是平常的4～5倍。窄缝陈列能打破中央陈列架定位陈列的单调感，以吸引顾客的注意力。窄缝陈列的商品最好是要介绍给顾客的新商品或利润高的商品，这样就能起到较好的促销效果。窄缝陈列可使超市卖场的陈列活性化，但不宜在整个卖场出现太多的窄缝陈列，这样的话，推荐给顾客的新商品和高利润商品太多，反而会影响该类商品的销售。

8. 突出陈列法

突出陈列法是将商品放在篮子、车子、箱子、存物筐或突出延伸板（货架底部可自由抽动的隔板）内，陈列在相关商品的旁边销售。主要目的是打破单调感，诱导和招揽顾客。突出陈列的位置一般在中央陈列架的前面，将特殊陈列突出安置。

9. 悬挂式陈列法

将无立体感扁平或细长形的商品悬挂在固定的或可以转动的装有挂钩的陈列架上，就叫悬挂式陈列。悬挂式陈列能使这些无立体感的商品产生很好的立体感效果，并且能增添其他的特殊陈列方法所没有的变化。目前工厂生产的许多商品都采用悬挂式陈列的有孔型包装，如糖果、剃须刀、铅笔、玩具、小五金工具、头饰、袜子、电池等。

10. 不规则销售陈列法

在超市中，中央陈列货架能整齐地配置，这样商品就可以秩序井然地陈列了。但就是这种整齐的配置和有秩序的陈列，往往使人联想到军人列队式的整齐排列，久而久之这种配置和陈列会使顾客产生单调乏味感。因此，为了打破这种单调乏味感，超市应该使用每层隔板都能够自由调节的陈列货架，通过将中央陈列货架隔板间距灵活地调节变化，使副通道内的各个中央陈列货架的隔板形成错位安排，而事实上各个货架上陈列的商品并没有变化。然而对顾客来说却有一种新鲜感，他们往往会产生一种错觉，认为中央陈列货架内的商品又有了新的变化，从而吸引顾客走入副通道内选购商品。因此这种方法看似简单，却是行之有效的，是每一个超市不容忽视的陈列法。

第六章   商品促销管理

　　一般而言，对促销的解释有广义与狭义两个方面，狭义来说，就是以"促进销售效率"为目的，达到刺激消费者的购买及销售业者的销售，补充销售的广告效果。而从广义上说，就是"包含销售、广告、公关宣传及消费者活动在内的各种相关活动"。

第一节   超市促销的特点与主题

一、为什么需要促销

（一）促销的功用

　　为什么要做商品促销的活动，也许有人认为这是个很愚蠢的问题，有些人开店营运终其一生，也不曾做过任何的促销活动。其实，增加来客数、降低库存、介绍商品、周年庆及节庆、树立形象都是促销的功用与好处。

（二）促销商品选择

　　顾客的基本需求是能买到价格合适的商品，所以促销商品的品项、价格是否具有吸引力，将影响促销活动的成败。一般来说，促销商品有以下四种选择：①节令性商品；②敏感性商品；③众知性商品；④特殊性商品。

　　无论选择何种商品作为促销品，都应当牢记两个基本要点：一是选择消费者真正需要的商品；二是能给消费者增添实际的利益。

二、超市促销特点

（一）计划性

超市的商品促销活动是有计划、有目的的。超市的采购部应和企划部相互配合，主要任务之一就是制订商品促销计划，制订年度、季度、月度的促销计划。促销活动的具体内容包括：促销活动的次数、时间的安排，促销活动的主题内容，促销活动的供应商和商品的选定与落实，促销活动的时间安排、组织与落实，促销活动期间的协调以及促销活动的评估等。

1. 促销计划是商品采购计划的一部分

因为，商品采购计划当中销售额任务的一部分是由它来完成的。因而，在商品采购合同中，在促销保证这一部分，要让供应商做出促销承诺，落实促销期间供应商的义务及配合等相关事宜。

2. 商品促销活动必须是一种较长提前量的计划活动

通常促销部门要提前一年做好商品促销计划。一般情况下，超市在每年11月与供应商进行采购业务谈判，签订下一年的合同，而采购业务谈判是按照商品采购计划、商品促销计划和供应商文件来进行的。所以，在10月以前，即提前一年，超市就应做好下一年度的商品促销计划。在做促销计划时，需要注意以下两点：

（1）促销计划可以由粗到细，但是一定要制订出来，不可缺少。

（2）按照不同的超市业态模式，确定不同的促销活动次数和间隔时间，一般大型综合超市可以每周做一次促销。

3. 要求大供应商提供下一年度新产品开发计划的产品促销计划

实际上，超市的商品促销，是超市与供应商促销活动的一种有机组合。制订促销计划时，应先请供应商做好商品促销计划，在此基础上，超市再进行组合。

凡是新产品或是第二年要重新签订合同的商品，超市都应该让供应商拿出促销计划。然而，要注意以下问题：

（1）不能把卖场当作新产品的试验场。

（2）尽量不与没有促销计划的供应商做生意。

（3）做第二年计划时，要让供应商，特别是品牌商和大供应商提供其所供应的各种商品的整体促销计划。

（二）按季节和节庆日有计划地编制促销项目计划

不同的季节和节庆假日，顾客的需求和购买行为会有很大的需求和改变，一个良好的促销计划应与之相配合。不同的季节应选择不同的促销项目，如夏季应以饮料、啤酒、果汁等凉性商品为重点；冬季则需以火锅、熟食等暖性商品为重点。而重要的节假日是促销的最好时机，如果善于规划，便能掌握商机，争取绩效。一年之中，节假日可分为三类。

1. 法定假日

元旦、春节、妇女节、劳动节，端午节、教师节、中秋节、国庆节等。

2. 非法定节日

情人节、母亲节、父亲节、圣诞节等。

3. 民俗时令节日

立春、夏至、冬至、立冬、重阳节、元宵节等。

（三）提前做好促销的计划准备工作

提前 1 个月做促销项目实施计划，在采购合同的促销保证部分，应要求供应商保证提前 1~2 个月，在收到超市促销活动通知之后，做出具体的促销项目实施计划及其配合事项的条款。

1. 促销项目实施计划主要包括三个方面

（1）具体的商品。

（2）促销形式。可分为卖场促销、公关促销、服务促销、人员促销和其他促销。如果选择卖场促销，那么要确定采取哪种方式，是价格、赠品还是新产品推荐方式。

（3）将促销计划交给采购人员，由采购人员落实有关细节。

2. 落实项目实施计划的有关细节

（1）由采购部落实好促销品种、价格、时间、数量、POP 广告形式和堆头的费用承担。

（2）由营运部门实施卖场的组织，包括货位预留、卖场布置、人员配置、POP 广告张贴等。

（3）促销活动进行期间的协调与控制。

（4）进行促销评估。主要有促销商品是否符合消费者需求，能否反映超市的经营特色；促销商品的销售额与毛利额；供应商配合是否恰当、及时。超市自身系统中，促销计划的准确性和差异性，促销商品的选择正确与否，营运部是否按照公司促销计划操作。

三、突出主题性

（一）主题性促销

良好的促销主题往往会为超市的促销活动起到画龙点睛的震撼效果，所以应针对整个促销内容拟定具有吸引力的促销主题。促销主题的选择应把握两个字："新"、"实"。"新"即促销内容、方式、口号要富有新意，"实"即简单明确，让顾客得到更多的、实在的利益。

主题性促销的内容，必须能够抓住顾客的需求和市场的卖点。一个好的促销活动会成为一个好的市场卖点，而要有好的促销主题，促销人员的创意是相当重要和关键的。

1. 主题性促销活动的类型

（1）开业促销活动。这是超市促销活动中最重要的一种，它只有一次，而且与潜在顾客是第一次接触，顾客对超市的商品、价格、服务、氛围等印象，将直接影响其日后是否再度光临，所以超市经营者通常全力以赴，希望能通过促销活动给顾客留下一个好的印象，通常开业当日的经济效益也颇可观，可达平日业绩的几倍。

（2）周年店庆促销活动。这种促销活动的重要性仅次于开业促销，因为每年只有一次，供应商大多会给予较优惠的条件，以配合超市的促销活动。故其促销业绩往往可达平日业绩的 1～2 倍。

（3）例行性促销活动。这通常是为配合节庆假日、民俗节日及地方习俗而举办的促销活动。一般而言，超市每月应举办 2～3 次例行性促销活动，以吸引新顾客光临，并提高老顾客的购买品项及金额。通常其业绩可比非促销期间提高2～3 成。

（4）竞争性促销活动。它往往发生在商圈内竞争店数密集的地区。由于各式业态兴起，加上各超市门店有时距离太近，彼此客层商圈重叠情况严重，所以面对竞争店采取周年店庆促销或特价促销活动时，通常超市会相应推出针对性、竞争性的促销活动。

2. 主题事件促销

此类促销活动特别强调特定事件或突发事件的时机掌握，若掌握得当，常会提高超市知名度及业绩。特定事件或突发事件，往往因为出乎意料，没有准备，使超市难有敏捷的反应，其做法通常如下：

（1）经常关注并及时掌握社会及商圈内有关事件及新闻，并研究其对超市经营及消费者购物心理的影响。

（2）若发现良好的促销主题，则立即确定促销的商品及营业部门，在最短的期限内推出促销活动以抢夺先机，塑造超市的经营特色和差异化服务。

（二）创意性促销

为使超市取得良好的促销效果，促销人员须运用创造性思维，使促销方案富有新意，即运用创造性想象进行促销策划，并运用创造思维寻求方案变异，突出个性。具体表现在。

（1）要抓住特定时空的有利条件，以引人注目的形式展示超市及其经营商品的特色，强化其竞争优势；以全新的内容刺激消费者，使超市及其经营商品的形象在赞叹和惊奇声中定格于消费者脑海之中，从而刺激消费需求；以巧妙的手法及时传递信息，吸引消费者的注意力并对其产生同化作用。最终实现超市的促销目标。

（2）促销方案有创意，才能在促销过程中给消费者一种新鲜感，一种冲击力。当然，创新是为实用服务的，没有实用价值的创新就是臆想。所以，在进行促销方案策划及实施的过程中，不注重过多的形式，也不要仅凭策划者或执行者的主观感受，而要以获得消费者的良好看法和行为为创意性促销的标准。

四、全员参与性

超市促销的目标，应是努力满足顾客的需求，以达到预期的促销效果。换句话说，超市的促销目标不是以提高销售额、利润额为主，也不是以谋求高促销投资回报为主，而是应设法打动消费大众的心。在情感上令广大消费者满意，即促销的观念和做法应以消费者为主。所以，促销活动必须能够让顾客参与进来。让消费者共同参与的促销活动主要有：

（一）来店顾客直接参与的促销活动

超市通过组织各种着眼于趣味性、顾客参与性的特定比赛，提供奖品，会吸引不少人来观看或参与。可以达到增加来店顾客数量、带动销售量的目的。

（1）主要形式是在店内或通过媒介开展各类活动让消费者参加。如母亲节画母亲比赛、主题有奖征文比赛、猜谜、填字等，以吸引消费者注意超市的商品和促销活动。

请消费者回答问题。由超市印制或通过新闻媒介刊登有关超市及其所售商品的知识问题，征求答案，以加深消费者对超市的印象、对其出售商品的了解扩大销售量。

（2）具体做法是配合促销主题，拟定比赛项目、确定参加对象、奖励方法、实施费用、协办供应商等内容。用广告宣传单、海报以及现场广播等方式，扩大宣传，鼓励顾客报名参加，确保促销活动达到预期效果。

（二）举办公益活动

（1）由超市发起献血、救济等慈善活动。

（2）保护树木，认养动物等关心环保活动。

（3）赞助当地学校等关心社会活动，执行要点在于，选择与本超市经营理念相符合的项目来实施。

（4）鼓动其他公益团体共同举办。

（5）以新闻的方式加以宣传。

（6）掌握社会和社区的热门话题。

（三）成立商圈顾问团

聘请消费者服务员可由超市店长出面，邀请商圈内经常购物的消费者，或公开召集热心提供意见的顾客，来担任商圈顾客团的团员或消费者服务员，并由超市店长担任召集人，定期举行咨询会议。执行要点是：

（1）每个月举办一次，每次不超过2小时。

（2）会议前要将主要议题告知与会者，以便其做好准备。

（3）主持人要引导讨论，并记录各成员的意见，不要下结论。

（4）每次会议前，应该公布上次采纳意见的情况及实施成效。

（5）要向参与者赠送纪念品。

（四）消费者意见访问

（1）超市可以设置网址、意见箱，进行人员访问。网址与意见箱可以长期实施，人员及电话访问则可以根据需要而不定期实施。执行要点是要重视消费者提出的意见和建议，及时改正和采纳。

（2）网址和意见箱要定时察看，长期实施，否则就不要轻易设置。向消费者征求意见的访问要有明确的主题，以便消费者有针对性地回答。

（3）对提出意见的消费者要给予奖励，每月抽奖并公布姓名，以鼓励参与者。

（五）提供生活信息

（1）可以在卖场内特定商品的前方制作POP广告，说明商品特色、用途或使用方法。

（2）在服务台免费派送商品信息印刷品。

（3）利用固定的公布栏提供日常生活信息。

（六）定期问候

超市可以根据消费者资料寄发生日卡和节庆贺卡。应注意的是：

（1）卡片一定要由店长亲笔签名，不可用印刷方式。

（2）贺卡应在一定日期前或当日寄到，不要逾期。

（3）卡片形式要每年更换；贺卡寄出后，最好在特定日期当天，再由门店客服人员电话方式恭贺。

第二节　POP 广告促销

一、POP 广告的促销意义与作用

（一）POP 概念

POP 广告是一种新型的商业广告形式。与一般的广告相比，其特点主要体现在广告展示和陈列的方式、地点和时间三个方面。

POP 英文的缩写是 Point Purchase Advertising，意指"在购买场地所有能促进售卖的广告"，或是"顾客购买时点的广告"，也可以解释为"店头广告"。这里的"点"，具有双重含义——时点和空间点。具体讲，POP 广告是在有利的时间和有效的空间位置上，为宣传商品、吸引顾客、引导顾客了解商品内容或商业性事件，从而诱导顾客产生参与动机及购买欲望的商业广告。

所以 POP 是无声的推销员，可说是超市的引导，它可以代替推销员将商品的特性及说明传达给顾客，以促进销售。因此，凡在店内外所有能帮助促销的广告，或其他可以提供商品相关信息的服务、指示、引导等的标示，都可以称为"POP 广告"。

POP 的任务主要在于简洁介绍商品特质，如告知商品所在、新商品、推荐商品、特价品等；并借由 POP 将全店统一的气氛活性化，促进卖场的活性。一般而言，可以将 POP 的功能界定于商品与顾客间的对话，可借由传达的信息包括：

1. 价格

让顾客知道商品很便宜。

2. 价值

告知商品的特色、用途等价值，包括产地、甜分、制造方法、吃法、料理方法等。

3. 各式菜色的提案

如鲜香菇烧肉用、火锅用、炒肉用 1 袋××元。香鱼、盛产期的香鱼，本日可做成烤香鱼，明日可蒸或煮。

（二）为什么要有 POP

这些年来随着市场经济的发展，传统的售卖方式已经很难符合现代人的需求，为了满足购物的乐趣与享受，购买的形态亦随之改变。卖场的布置最好能够让消费者一目了然，若借由眼前的 POP 广告得知商品的有关情报，将有助于进行自由选购。另外，由于自助式售卖经营的流行，POP 已经从次要变为主要。POP 广告具有强烈的"视觉传达作用"，可以刺激消费者的购买意愿。而这种低成本、有效、直接的 POP 广告，是现代开放式卖场的主要营销媒介。

以下仅就几种销售方式做一比较，即可明了 POP 对于卖场活性化的重要性：

（1）传统菜市场的叫卖方式（杂乱、不符合现代经营方式）。

（2）传统的商店的不明确销售方式（无刺激购买欲）。

（3）自助式超市宽松舒适，一目了然的购物环境，其诉求重点包括 POP、BGM（背景音乐）、广播、试吃，兼具听觉、视觉、味觉的享受。手绘 POP 具机动性、经济性及亲和性。

（三）POP 广告的促销意义

POP 是无声的销售员，可代替商店营业员将商品的特性及说明，传达给顾客，以促进销售。

在超市卖场促销中，必须要提高商品陈列的视觉效果。但仅仅通过陈列来提高是不够的，POP 广告具有强烈的视觉传达效果，可以直接刺激消费者的购买欲望，这就是 POP 广告的促销意义。

（四）POP 广告的作用

（1）传达商品信息。

（2）吸引路人进入超市。

（3）告知顾客超市内正在销售什么。

（4）告知商品的位置、配置。

（5）简洁告知商品的特性。

（6）告知顾客最新的商品供应信息。

（7）告知商品的价格。

（8）告知特价商品。

（9）刺激顾客的购买欲。

（10）超市卖场的活性化。

（11）促进商品的销售。

（12）营造店内购物气氛。随着消费者收入水平的提高，不仅其购买行为的随意性增强，而且消费需求的层次也在不断提高。消费者在购物过程中，不仅要求能购买到称心如意的商品，同时也要求购物环境舒适。POP 广告既能为购物现场的消费者提供信息、介绍商品，又能美化环境、营造购物气氛，再满足消费者精神需要、刺激其购买。

（13）促进超市与供应商之间的互惠互利。通过促销活动，可以扩大超市及其商品供应商的知名度，增强其影响力，从而促进超市与供应商之间的互惠互利。

（14）突出超市的形象，吸引更多的消费者来店购买。所以，如何更有效地吸引顾客的目光，达到使其购买的目的，POP 广告功不可没。

二、POP 广告分类、宣传语

POP 广告在实际运用中，可以根据不同的标准对其进行划分。不同类型的 POP 广告，其功能也各有侧重。

（一）POP 分类

（1）店头 POP 广告。置于店头的 POP 广告，如看板、站立广告牌、实物大样本等。

（2）天花板垂吊 POP。如广告旗帜、吊牌广告物等。

（3）地面 POP 广告。从店头到店内的地面上放置的 POP 广告，具有商品展示与销售机能。

（4）柜台 POP 广告。

（5）壁面 POP 广告。附在墙壁上的 POP 广告，如海报板、告示牌、装饰等。

（6）陈列架 POP 广告。附在商品陈列架上的小型 POP，如展示卡等。

（二）超市普遍使用的 POP 类型

1. 招牌 POP

包括店面、布幕、旗子、横（直）幅、电动字幕等，其功能是向顾客传达企业的识别标志，传达企业销售活动的信息，并渲染这种活动的气氛。

2. 货架 POP

货架 POP 是展示商品广告或立体展示售货，这是一种直接推销商品的广告。

3. 招贴 POP

类似于传递商品信息的海报，招贴 POP 要注意区别主次信息，严格控制信息量，建立起视觉上的秩序。

4. 悬挂 POP

包括悬挂在超市卖场中的气球、吊牌、吊旗，包装空盒和装饰物等，其主要功能是营造卖场活泼、热烈的气氛。

它其实就是我们已经介绍过的商品位置指示牌，其功能主要是向顾客传达购物方向与位置信息。

5. 灯箱 POP

超市中的灯箱 POP 大多稳定在陈列架的端侧或壁式陈列架的上面，主要起到指定商品的陈列位置和品牌专卖柜的作用。

（三）POP 宣传

1. 宣传语要充分考虑顾客的立场

（1）价格真的便宜吗？→本日特卖、一律半价。

（2）鲜度真的新鲜吗？→产地直送、早上采收、保证新鲜。

（3）量真的很多吗？→5 个人也吃不完，巨无霸般大。

（4）味道真的很好吗？→入口即化、家乡味道、从未尝过的味道。

（5）时间真节省了吗？→5 分钟可以做好，保鲜一星期。

2. 用语要求

（1）用简短、有力的文句来表现。

（2）具体的表现。

（3）配合时代的潮流和顾客的需求。

（4）要充分知道商品的特征和使用的方法。

（5）集中客层来作考虑。

三、POP 广告的策划过程

超市的任何 POP 广告都不是随意推出的，必须经过一个周密的策划过程，这样才能达到最佳的广告效果。

（一）企划程序

系统分析是以一个系统内的基本问题，用系统的观点思维推理，在确定与不确定的条件下，探索可能采取的方案。通过分析对比，动态修正，为达到预期目标选出满意的外部环境与内部条件相结合、当前利益与长远利益相结合、整体效益与局部效益相结合、定性分析与定量分析相结合的方案。为了寻求满意可行的方案，要集思广益，不断进行反馈，逐渐完善，因此，这本身也是一个"学习"的过程。

可以将策划的程序基本定为六步。

（1）明确目的。

（2）收集开发信息。

（3）制造创意。

（4）定下制作方案及重点（编写策划书，演技设计）。

（5）答辩与动态修正。

（6）实施总结、落到实处。

（二）企划步骤

1. 明确目标

如果没有目标，方案则无法开始；如果目的不明确，匆忙做出决策，很可能导致失误。目标是根据所要研究的问题来确定的，这就要进行问题分析，把问题的实质和范围准确地加以说明。将问题明确地指出，就等于解决了问题的一半。界定问题要全面考虑各方面的需要和可能：在可能方面，要考虑客观环境是否允许以及本单位的条件是否可能。当然，没有条件有时也可以创造条件，但创造条件也要有一定基础，条件不是随意可以创造出来的。界定了问题后，便可以将目标具体化了。

2. 开发信息

系统分析法步骤中有"收集资料"一项。收集资料是从书报、政府出版物、企业档案、账目、生产经营过程等之中，获得大量的信息。信息开发的水平，决定着策划的水平；而信息开发的现代化和分析推理的科学化，是提高策划水平的基础性工作。从这个角度上讲，策划是"电脑＋人脑"开发信息的过程。

对信息的开发，要强调两点：

（1）开发工作要尽量现代化。

（2）推理方法要科学化。

3. 产生创意

有组织的创意是策划的核心。策划与狭义的点子在形式上的区别之一就在于组织意识。组织意识就是要认识到，创意不只是仅仅依靠个人的灵感，而是一种可以组织，并需要组织的系统性工作。对个人来说，创意者一般要具备以下 11 个条件：

（1）动作要快，须有即刻反应的能力。

（2）须有卓越的图形感觉。

（3）须有丰富的情报量。

（4）须有思路清晰的系统概念。

（5）须有战略构造，对未来或各种利益结构有强烈的控制力量。

（6）须有概念化能力，能将所有相关信息归纳成一定的概念。

（7）须有敏锐的关联性反应力，对人、产品、市场的关系要反应灵敏，并能综合起来分析。

（8）须有丰富的想象力。

（9）须有丰富的感性经验。

（10）须有多角度的思考，并能采取系统概念和战略构造。

（11）须有"同时进行多种工作"的能力，全线与支线同时并进，即使在错综复杂的环境下，也能妥善地处理工作。

4. 定下制作方案、重点

这一步骤，相当于系统分析中的"可行方案"和"建立模型"两步。经过创意，一般可形成多种概要性方案的框架，在此基础上制作方案，并编写策划书的概要和重点，同时进行演技设计。

5. 答辩与动态修正

在将策划的基本方案定下来以后，一项策划案的纲要已经形成。但是，对于每一个环节与细节来说，还需要进行更深入的分析评价，以期在动态修正中达到更好的效果。在进行分析评价的同时也在进行自我评价。

意见综合之后，将最终产生不同的三种结果——是、否、不完善。当"是"时候，我们便可进入最后一步实施总结了。

（三）企划注意事项

（1）了解 POP 广告的背景因素，配合新商品上市活动，并以既定的广告策略为导向。

（2）了解消费者的需求，引发最有创意的 POP 广告，刺激和引导消费。

（3）POP 广告必须集中视觉效果。

（4）POP 广告最好与媒体广告同时进行。

（5）了解超市和周边环境的消费者情况，并听取超市各种人员的建议，作为 POP 广告制作的依据。

（四）企划的综合平衡

考虑好 POP 广告的功能、费用预算、持久性、制作品质、运输等问题的综合平衡。

（五）企划的时效性

计划好 POP 广告的时效性，因为 POP 广告是企业整体营销计划的一个组成部分，其时效性必须与营销计划同步。

四、POP 广告的信息传达与使用时检查

（一）POP 广告的信息传达原则

1. 准确性

（1）广告是围绕着商品促销进行的，这就必须十分准确地把握商品的特征：实用、廉价。

（2）准确地把握消费者的特征：顾客的类型、收入水平、对商品售价的反应度。

2. 逻辑性

POP 广告是以视觉来传达超市意图和信息的，因此要有逻辑性地建立 POP 广告的视觉形象秩序。要杜绝视觉形象的过多和过滥，这就要建立卖场中货架、装饰手段与商品之间的秩序关系，要做到井然有序、装饰与渲染有度。

3. 艺术性

POP 广告要达到的效果是促进销售，因此在广告形式和宣传手段上必须"唯实"，而不能"唯美"，即不能不顾广告效果的实际而片面追求广告形式的艺术性。

（二）POP 广告使用检查要点

及时检查 POP 广告在超市中的使用情况，对发挥其广告效应会起到很大的作用，其检查要点如下：

（1）POP 广告的高度是否适当。

（2）是否依照商品的陈列来决定 POP 广告的尺寸大小。

（3）有没有脏乱和过期的 POP 广告。

（4）广告中关于商品的内容是否介绍清楚（如品名、价格、期限）。

（5）顾客是否看得清、看得懂 POP 广告的字体，是否有错别字。

（6）是否由于 POP 广告过多而使通道视线不明。

第三节 促销方案制订与方式

一、促销方案的制订

超市将反馈回来的商情信息以及带有共性影响销售的信息加以综合分析，慎重考虑周密计划之后制订统一的促销方案下达给各部门。制订促销方案必须掌握以下要点：

1. 促销活动的目的必须明确

（1）树立企业形象，参与市场竞争。超市可通过大型促销活动和企业形象宣传达到提高超市的知名度，扩大超市在消费者心目中的影响，获得消费者对超市认同感的目的。

（2）刺激消费，增加销售额。在企业的正常销售阶段，通过采取一项或几项促销手段，推波助澜，以提高销售额。

（3）优化商品结构，将滞销品推销出去。通过优化商品结构，将滞销品推销出去，以调整库存结构，加速资金周转。

（4）向顾客介绍新商品。联合生产厂家共同参与的促销活动可以直接向消费者推荐新的商品。强化宣传消费新观念、新时尚、新生活方式以及与之对应的新商品，在缩短了接受某种生活观念的过程中，不仅普及了新产品，也使商家获得了利润。

2. 确定促销的规模

测算促销费用开展各种促销活动，费用的大小与促销规模成正比。这些必要的费用支出大部分是用来进行销售刺激的，如折扣、赠品和降价等。由于这些费用支出要从销售额中得到补偿，所以促销活动方案的制订必须要考虑实际承受能力。

3. 确定促销活动受益者的范围

促销活动可以针对任何一个进店购物的顾客，也可以是经过选择的参加购物的一部分人。如让利销售，超市在全面降价时就是针对一切来店购物的顾客，如果采用规模购买让利活动，顾客购买商品必须达到规定的数额后才能享受让利，如果组织一些特殊的活动，那就只有参加活动的人才能受益。

总之，不管采取哪种方法，促销方案都要规定得明确而具体，同时在广告宣传中要有醒目的提示，使顾客了解促销活动的内容。

4. 前期准备工作

每一次促销活动，不论其规模大小，都必须提前做好各项准备工作，这些准备工作主要有：

（1）方案的策划与制订。

（2）商品标价签的修改。

（3）文字宣传品的准备、印刷与分发。

（4）广告的设计、制作与安置。

（5）营业场所人员的调配和工作安排。

（6）商品库存数量的落实以及销售额的预测。

5. 促销活动时间的设定

（1）促销活动通常安排在节假日，起止时间与节假日基本同步，或提前几日开始，推后几日结束。

（2）对于某一种或者几种商品开展的促销活动时间一般说来选择时间 7 天为宜。

（3）大型综合超市采用的突出主题的促销活动时间通常较长，一般为 1 个月左右。

6. 促销活动总结

每一次促销活动结束后都要对整个活动进行总结。

二、促销方式选择

（一）几种常见的促销方式

1. 降价促销

降价促销就是将商品以低于正常的定价出售，其运用方式最常见的是物品拍卖、折扣优惠，淡季促销等。一般最常见的降价促销有下列三种：

（1）库存大清仓。换季商品或库存较久的商品、滞销品等，都会以大降价的方式来促销。

（2）节庆大优惠。新店开张，逢年过节、周年庆时，是折扣售货的大好时机。

（3）天天平价。由于竞争日益激烈，为争取顾客登门，推出每日一物或每周一物的特价品，让消费者花小钱买到既便宜又好的商品。低价促销如能真正做到物美价廉，极易引起消费者的"抢购"热潮，但对顾客忠诚度的提高无多大益处。

2. 有奖销售

消费者有时总想试试自己的运气如何，所以"抽奖"是一个极有效果的促销活动。因为，抽奖活动一定会有一大堆奖品，如 LED 电视机、洗衣机等，这样的奖项，是极易激起消费者参与兴趣的，可在短期内对促销产生明显的效果。通常，想参加抽奖活动，必须具有某一种规定的资格，如购买某特定商品，买某一商品达一定的数量，在店内消费达固定金额，或回答某一特定问题答对者。此外，需要注意的是，办抽奖活动时，抽奖活动的日期、奖品或奖金，参加资格、如何评选、发奖方式等务必标示清楚，且抽奖过程需公开化，以增强消费者的参与热情和信心。

3. 发放优惠卡

对购买数量达到一定金额的顾客发购物优惠卡，持优惠卡购物可以取得一定比例的价格优惠。

4. 竞赛

竞赛是触动感性和参与性为一体的促销活动，由比赛来凸显主题或是介绍产品，除了可打响商品的知名度以外，更可以增加销售量，如喝啤酒比赛等。

此外，还可举办一些有竞赛性质的活动，如卡拉 OK 比赛等，除了可热闹卖场之外，也可借此增加消费者的话题，加深消费者对超市的印象。

5. 现场展示

对于顾客不太熟悉的新商品，除了广告宣传外，商店可设专柜现场展示，演示商品的功能、使用方法，解答顾客提出的问题，制造活跃的购物气氛，吸引消费者对新商品的兴趣。

6. 免费品尝和试用

超市可以在比较显眼的位置设专柜，免费品尝新包装、新口味的食品。非食品的其他新商品实行免费赠送、免费试用，鼓励顾客使用新商品进而产生购买欲望。如许多连锁超市门店设有美容专柜，免费为愿意试用新品牌化妆品的顾客做美容。国外超市门店的香水柜台也常常进行免费试用，推销小姐穿着与香水包装颜色完全一致的服装，无论走近哪一个香水柜台，小姐都会让你免费试用，喷在手上或头上并赠送一个香水卡。上面有所售香水的香型、颜色，由顾客选择所喜爱的类别。

7. 集点赠送

想吸引消费者持续购买，并提高品牌知名度，集点赠送是一种比较理想的促销活动方式。

此促销活动的特色是消费者要连续购买某商品或连续光顾某超市数次后，能累积一定积分的点券，用以兑换赠品或折价购买。

8. 积分返利

为了吸引消费者持续购买，并提高超市知名度，消费者只要在超市的任何一家门店，免费申请成为会员后，消费购买超市的商品就可通过会员卡的形式积分。超市则到年底给予消费者返利。

积分返利是一种长期的持续性的活动，是一种非常理想的促销活动方式。

9. 以旧换新

超市与厂家联合，对本店出售的某种商品以旧换新，新旧差价较大的，可由顾客补交一定数额的价款。

这种方式不仅刺激了消费，加速了商品的更新换代，而且提高了商场和厂家品牌的市场占有率，不失为促销的良策。

10. 免费赠送

即在店里设专人对进店的消费者免费赠送某一种或几种商品，让消费者现场品尝、使用。

这种促销方式通常是在连锁店统一推出新产品时或老产品改变包装、品味、性能时使用，目的是迅速地向顾客介绍和推广产品，争取消费者的认同。

11. 打折优惠

一般在适当的时机（如节庆日、换季时节等）以低于商品正常价格的售价销售商品，使消费者获得实惠，具体有以下四种形式。

（1）设置特价区。即在店内设定一个区域或一个陈列台，销售特价商品。

特价商品通常是应季大量销售的商品或为过多存货，或为快过保质期，或为外包装有损伤的商品。这就需要掌握并且不能鱼目混珠，把一些变质损坏的商品卖给消费者，否则，会引起消费者的反感，甚至受到消费者投诉。

（2）节日、周末大优惠。即在新店开业、逢年过节或周末，将部分商品打折销售，以吸引顾客购买。

（3）优惠卡。即向顾客赠送或出售优惠卡（优惠幅度不等）。消费者在店内购物，凭手中的优惠卡可以享受特别折扣。优惠卡发送对象，可以是由店方选择的知名人士，也可以是到店购物次数或数量较多的熟客，出售的优惠卡范围一般不定期，这种促销目的是为了扩大顾客群。

（4）批量价优惠。即消费者整箱、整包、整桶或较大批量购买商品时，给予价格上的优惠。这种方法一般用在周转频率较高的食品和日常生产用品上，可以增加顾客一次性购买商品的数量。

12. 小礼品赠送

设计一些带有企业形象标识的小礼品，如钥匙链、小卡通玩具等，在新店开业或消费者购买一定数量商品时免费赠送，这样相当于做了一次广告宣传。

13. 展览和联合展销

即超市邀请多家同类商品厂家，在所属分店内共同举办商品展销会。形成一定声势和规模，让消费者有更多的选择机会，也可以组织关照自己商品的展销。如多种节日套餐销售等。在这种活动中，通过各厂商之间相互竞争，促进商品的销售。

14. 免费赠送礼品袋、包装盒

消费者在店中购买商品后，附赠精美的包装。包装可以根据商品的体积、形状及数量分别设计，可以是特别的塑料袋或手拎购物袋。

15. 现场制作食品

请经过专门训练的营业员或是厨师在店堂进行现场制作表演。如某一种新食品的烹制过程、半成品配菜、热制品现做现卖、活鱼活禽的宰杀等。这种表演应有一定的技巧性、示范性和教学性，可以让顾客从中学到一定的技术窍门，得到一些快乐，由此产生兴趣，营造店内气氛，激发顾客的购买欲。

（二）广告促销

1. DM 谈判

（1）促销计划。超市营运部门负责拟订促销计划，内容主要包括活动主题及促销时间、促销品种及数量（细分到小分类）、操作流程及日程安排等。

（2）对 DM 商品的要求。采购员应按照促销计划的小分类要求选择商品品种和确定促销力度，规范填写《DM 登记表》并交业务经理审核。对于 DM 买赠商品要洽谈赠品到位的操作方式，DM 限量商品要注明限量件数及分配方案。在这里需要强调的是 DM 商品促销范围原则上要求所有门店同时进行且不得两个档期连续进行。DM 商品须缴纳 DM 费用，临时特价商品不得与 DM 档期同时操作。特价商品原则上还要更改进价。

（3）DM 费用收取及账务调整。DM 费用的收取应在特价结束后于当月内完成。业务员还应依照商品特价账务调整规定在特价结束后 15 天内办理完毕。

2. 临时促销

（1）操作要求。临时促销需执行门店最小库存意见，临时特价毛利不低于原毛利。促销形式要明确，特别是买赠商品赠品的落实。临时促销时间以周为单位，原则上不得少于 2 周。临时特价原则上要更改进价，特价结束后 15 天内落实账务调整。

（2）操作程序。业务员每周把填写的《商品信息变更通知单》转市场部调研员。营运部每周审核临时促销，促销起止日期一般固定在每周五。《商品信息变更通知单》内容包括促销形式、促销时间、促销范围、原进价、原售价、促销进价和建议特价。

三、促销评估

促销评估的内容主要分为四个方面，包括业绩评估、促销效果评估、供应商配合状况评估和超市自身运行状况评估。

（一）业绩评估

业绩评估主要包括两个方面，业绩评估的标准与方法、查找和分析促销业绩好或不好的原因。

1. 业绩评估的标准与方法

（1）促销活动检查表，即对促销前、促销中和促销后的各项工作进行检查。

（2）前后比较法。即选取开展促销活动之前、中间与促销后的销售量进行比较。一般会出现十分成功、得不偿失、适得其反等几种情况。

（3）消费者调查法。超市可以组织有关人员抽取合适的消费者样本进行调查，向其了解促销活动的效果。如调查有多少消费者记得超市的促销活动，他们对该活动有何评价，是否从中得到了利益，对今后的购物场所选择是否会有影响等，从而评估超市促销活动的效果。

（4）观察法。这个方法简便易得，而且十分直观。主要是通过观察消费者对超市促销活动的反应，如消费者在限时折价活动中的踊跃程度、优惠券的回报度、参加抽奖竞赛的人数以及赠品的偿付情况等，对超市所进行促销活动的效果做相应的了解。

2. 查找和分析原因

运用一种或几种评估方法对超市的促销业绩进行评估之后，一件很重要的事情就是查找和分析促销业绩好或不好的原因。只有找出根源，才能对症下药、吸取教训，进一步发挥特长。

（二）促销效果评估

促销效果评估主要包括三个方面，促销主题配合度、创意与目标销售额之间的差距以及促销商品选择与经营特色。

1. 促销主题配合度

促销主题是否针对整个促销活动的内容，促销内容、方式、口号是否富有新意和吸引力，促销主题是否抓住了顾客的需求和市场的卖点。

2. 创意与目标销售额之间的差距

也就是促销创意是否偏离预期目标销售额，创意是否符合促销活动的主题和整个内容，创意是否过于沉闷、正统、陈旧，缺乏创造力，想象力和吸引力。

3. 促销商品的选择与经营特色

也就是促销商品选择的正确与否，促销商品能否反映超市的经营特色，是否选择了消费者真正需要的商品，能否给消费者增添实际利益，能否帮助超市或供应商处理积压商品，促销商品的销售额与毛利额是否与预期目标相一致。

（三）供应商配合状况评估

（1）供应商对超市促销活动的配合是否恰当、及时，能否主动参与、积极支持，并为超市分担部分促销费用和降价损失。

（2）当超市请供应商直接将促销商品送到门店时，供应商能否及时供货，数量是否充足。

（3）在商品采购合同中，供应商是否做出促销承诺，而且切实落实促销期间供应商的义务与配合等相关事宜。

（四）超市自身运行状况评估

1. 运行状况评估

是否按照促销计划操作，促销商品在店中的陈列方式及数量是否符合各实际情况。

2. 促销人员评估

（1）促销人员评估的作用。评估可以帮助促销员全面并迅速地提高自身的促销水平，督促其在日常工作流程中严格遵守规范，保持工作的高度热情，并在促销员之间起到相互带动的作用。

（2）促销人员的具体评估项目。

1）促销活动是否连续，是否达到公司目标。

2）是否有销售的闯劲。

3）是否在时间上具有弹性，能否与其他人一起良好地工作。

4）是否愿意接受被安排的工作，文书工作。

5）是否干净、整齐，准备和结束的时间是否符合规定，促销桌面是否整齐、干净。

6）是否与顾客保持密切关系，是否让顾客感到受欢迎。

第四节   商品促销时间及主题

一、促销时间及主题

（一）一月

（1）新春大优待。

（2）春节礼品展。

（3）结婚用品礼品展。

（4）冬季大清仓。

（5）年终奖购物。

（二）二月

（1）元宵节活动。

（2）欢乐寒假。

（3）开学用品大展销。

（4）冬季大清仓。

（三）三月

（1）春装上市新展。

（2）盘存大清仓。

（3）妇女节优惠。

（四）四月

（1）春夏装上市。

（2）春假郊游用品展。

（五）五月

（1）劳动节商品物价。

（2）母亲节商品展销。

（3）端午节礼品展。

（4）春季服装大平卖。

（六）六月

（1）毕业礼品展销。

（2）考试前用品展销。

（七）七月

（1）父亲节。

（2）夏季服饰清仓。

（八）八月

开学用品展览。

（九）九月

（1）秋装上市。

（2）中秋节。

（十）十月

（1）运动服用品联展。

（2）冬装上市。

（3）国庆节。

（十一）十一月

（1）火锅串串大众展。

（2）烤肉大会串。

（十二）十二月

（1）圣诞老人派礼品。

（2）保暖御寒用品展。

二、各节庆日促销主题

（一）情人节

1. 主题

甜蜜、缠绵、温馨。

2. 商品

饰品、鲜花、巧克力、礼品。

3. 活动形式

（1）巧克力要求厂家配合促销。

（2）男女情人购物赠鲜花。

（3）情人蜜吻玫瑰花。

（二）元宵节

1. 主题

团圆、美满热情、喜庆。

2. 商品

汤圆。

3. 活动形式

张灯结彩、游园和灯谜是元宵节的传统活动。

（三）"三八"妇女节

1. 主题

关怀女性、尊重女性（情人、姐妹、母亲和妻子）。

2. 商品

女性用品、化妆品、保健品、厨房用品。

3. 活动形式

（1）与厂家联合，女性用品"三八"优惠或赠品活动。

（2）专门向前来购物的女性致以节日祝贺。

（3）妇幼医院医护人员设专业咨询。

（四）"五一"劳动节

1. 主题

劳动节是全体劳动者的节日，突出劳动与贡献。

2. 商品

劳动劳保用品，节日食品。

3. 活动形式

向劳模问候，购物优惠等。

（五）"六一"儿童节

1. 主题

关爱儿童，关心教育。

2. 商品

儿童用品、玩具、儿童节食品、婴儿食品（如奶粉）。

3. 活动形式

（1）少儿卡拉 OK 赛，少儿书画朗读比赛。

（2）文艺表演，与慈善机构联系。

（六）母亲节

1. 主题

母亲的慈爱与伟大。

2. 商品

化妆品、女性用品、婴儿用品、保健品、厨房用品。

3. 活动形式

（1）我的母亲征文大赛。

（2）向购买婴儿用品的女顾客赠送礼品。

（3）举行我与母亲或我的母亲摄影大赛。

（七）父亲节

1. 主题

父亲的坚强、慈爱与博大的胸怀。

2. 商品

男性化妆品、剃须用品系列、保健品。

3. 活动形式

我的爸爸肖像绘画大赛或画展。

（八）中秋节

1. 主题

团圆、和美。

2. 商品

月饼。

3. 活动形式

中秋赏月文艺晚会和有奖购物。

（九）国庆节

1. 主题

回顾过去，展望未来。

2. 商品

糖烟酒、小吃各类商品。

3. 活动形式

10 月 1 日出生的人购物优惠。

（十）教师节

1. 主题

尊重教师，重视教育。

2. 商品

文具、礼品、保健品。

3. 活动形式

（1）向优秀教师致敬、邀请、购物打折。

（2）邀请幼儿园小朋友们表演有关教师的节目。

（3）凭教师证购物优惠。

（十一）世界环保日

1. 主题

注意环保，保护地球。

2. 商品

环保食品、用品。

3. 活动形式

（1）环保人员做环保问题咨询活动。

（2）环保大签名活动。

第七章　超市商品库存管理

第一节　超市商品库存分析

一、库存的责任

库存管理常被认为是后台管理，比起现场销售管理重要而容易被忽视，其实由于绝大多数的卖场和仓库是相连的，其租金也几乎是相同的。因此如果不好好利用仓库空间，那么这部分租金无形中就会压给卖场，给卖场销售造成一定的压力，同时混乱的仓库管理常会牵制现场的销售。如顾客需整箱的商品，员工到仓库左翻右翻，明知有货却找不着，结果顾客不愿意等太长时间便走了。尽量使单位仓库空间得以充分利用，同时保持各种商品进出仓库畅通无阻。积极配合现场销售工作是库存管理的主要任务。一般而言，库存管理包括：

（一）库存分区

按部门或类别分区存放，也可按厂商划分，但这种情况较少，大多数采用前者，这样员工就知道自己的商品堆放在哪里，还有多少存货，有利于商品的先进先出。

（二）库存更新

并非所有的区域一旦划定就不变，因为商品结构的变化，各部门不同商品的贡献度也不一样，或随环境、季节的变迁，有些类别的商品会相应地增加而另一些则相对地减少，因此必要时还得对各区域进行重新界定。

（三）盘存作业

大多数超市都是利用电脑系统加人工实际清点结合的形式来进行盘存。但作为管理人员必须随时把握商品库存情况，特别对于专门管理一个区域的人员来说更应如此。平时要养成盘存的习惯，在各库存区各商品都备有库存，以便整箱出货及时登记。这样即使没有电脑也能达到准确盘存的目的。

（四）库存分析

良好的库存管理不仅只有在月底盘点时才知如何分析，而且在平时也要一目了然。分析库存量是否合理，哪些部分应该减少，哪些部分应该增加，以免造成压货或缺货。一般而言，远距离采购的可适当库存多一些，近距离的则少一点，周转率高的多一些，而周转率低的则少一些。

二、超市库存保本保利分析预算

库存资产在总资产额中所占比率相当可观，降低库存是实质性地减少流动资金需求的最快方式之一。

"保本、保利期"分析法是利用商品在经营过程中的进销差价、销售税金、费用之间的数量关系，将商品储存额或储存量的多少和储存期限的长短盈亏联系起来，从经济效益的角度对商品储存进行预测分析，以控制商品储存时间的方法。

（一）商品进货储存的基本原则

商品储存一般有三种情况：一是周转性商品储存；二是季节性商品储存；三是专用性商品储存。

1. 周转性商品储存量确定的方法和步骤

（1）确定制定储存定额的商品种类。一般做法如下：

1）必备商品目录中的主要商品以品种为单位制定储存数量定额。

2）其他商品可按大中小类分别制定储存金额定额。

（2）计算核定各种商品的储存天数。根据各种商品不同的周转期，分别计算核定最低储存天数、最高储存天数、平均储存天数。计算公式如下：

1）最低储存天数 = 进货在途天数 + 销售准备天数 + 商品陈列天数 + 机动储存天数

2）最高储存天数 = 最低储存天数 + 进货间隔天数

3）平均储存天数 = （最低储存天数 + 最高储存天数）÷ 2

（3）计算确定各种商品储存数量（或金额）定额。商品储存数量（或金额）

定额是每日平均销售数量（或金额）与储存天数的乘积。计算公式如下：

1）最低商品储存定额＝平均每日销售量×最低储存天数

2）最高商品储存定额＝平均每日销售量×最高储存天数

3）平均商品储存定额＝平均每日销售量×平均储存天数

（4）建立商品储存定额的账、卡。为了有利于商品储存定额的贯彻执行，应建立商品储存定额的账卡。一般是在商品备查账上标明储存量或单独建立商品储存定额动态卡。

2. 季节性商品储存量的确定

季节性商品储存是由于季节生产、常年消费或常年生产、季节消费而形成的商品储存。它是周转性商品储存的一种特殊形式，用以保证超市季节性商品经营的顺利进行。确定季节性商品储存量的方法和步骤如下：

（1）根据商品的生产周期、消费规律和交通运输条件，确定必要的储存天数。

（2）根据生产状况和消费者消费趋势，确定商品购销数量。

（3）依据商品生产年度和销售时间内各阶段的差异，分期确定商品储存量。

季节性商品储存主要是正确处理商品的集中购进和渐次销售，或者是渐次购进和集中销售的关系。大多数农产品、节令商品和重大节日供应商品都需要进行季节性商品储存。

3. 专用性商品储存的确定

专用性商品储存是为了应付市场供应的特殊变化，如自然灾害、交通运输中断和发生战争等情况，而保持一定量的机动性商品储存。专用性商品储存不是超市的自身业务。

（二）商品储存保本期分析

商品保本期可以从商品保本储存期和商品保本储存额两方面进行分析。

商品保本期是指商品从购进到销售，不出现经营性亏损的最长存放时间，它所保的"本"，既包括进行分析时已经发生和支付了的商品购进成本、购进费用，又包括进行分析时尚未发生，但必将发生而又必须支付的库存费用、销售费用等。最长储存期是商品盈亏的分界点，在最长储存期内，能取得一定的利润，如果超过最长储存期就会发生亏损。

进行商品保本储存的预测，必须了解影响商品盈亏的有关因素，以及因素之间有何种关系。商品售价大于进价的差额称为毛利，毛利减去应缴纳税金后，如果与发生费用相等，即不盈不亏，正好保本，称为保本点，商品储存达到保本点时的期限，即商品保本储存期。毛利和税金不随商品储存期的长短而变动，商品购进后至销售前发生的费用，如保管费、利息等，则随商品储存期长短而变动，商品储存期越长，发生费用越多。超过商品保本储存时间越长，发生的亏损越多。

根据以上分析，商品保本储存天数的计算公式如下：

商品保本储存天数 = （商品毛利额 − 商品固定费用 − 商品销售税金）÷ 商品日增长费用

根据商品保本储存天数和销售额可测算商品保本储存额，计算公式如下：

商品保本储存额 = 平均月销售额 × 商品保本储存天数

应用举例：设某种商品毛利额为 8000 元，固定费用为 2000 元，日增长费用为 60 元，则该种商品保本期可做如下计算：

商品保本储存天数 = （8000 − 2000）÷ 60 = 100（天）

由此可以看出，该种商品保本储存期为 100 天，也就是说如果储存 100 天刚好保本，即不盈不亏，如果超过 100 天，多存储一天就要亏损 60 元，如果能保证在 100 天之内将商品销售出去，就能取得一定利润。

（三）商品保利期分析

商品保利期是指商品从购进到销售出去，能够实现目标利润的最长存储天数，商品实际储存天数如果超过商品保利期，就不能实现目标利润。为了实现目标利润，超市应掌握商品的实际储存期不超过商品保利期。

保利期的测算是在测算保本期的基础上进行的，其计算公式如下：

商品保利期 = （商品毛利额 − 商品固定费用 − 商品销售税金 − 目标利润）÷ 商品日增长费用

应用举例：设某种商品毛利额为 10000 元，固定费用为 2600 元，目标利润为 2200 元，日增长费用为 104 元，则该种商品的保利期为：

商品保利期 = （10000 − 2600 − 2200）÷ 104 = 50（天）

由此可以看出，该种商品保利期不应超过 50 天，超过 50 天则不能实现目标利润，超一天，就少实现目标利润 104 元，因此，必须把商品储存天数控制在 50 天以内才能保证目标利润的实现。

（四）超市保本保利应用

零售企业应用"保本、保利期"分析法，主要是对所经营的商品进行保本保利期管理策划。保本保利期管理实际上是对整个企业商品购、销、存全过程的管理。

1. 采购

进货部门运用保本保利期合理组织进货，选择最佳进货渠道，提高进货准确率，在组织商品进货之前，以保本期为目标进行两方面测算：一方面，测算进货地点对保利期的影响；另一方面确定商品的最大进货量、毛利率和费用率的高低。通过几个进货渠道的比较，以保利期为目标，选择最佳品种、最佳进货地点、最佳进货时机和最佳进货批量。

2. 销售

销售部门的主要任务是运用商品保本保利期指导销售，有计划、有重点地推销商品，设法把商品在保利期内推销出去。如果商品出现了积压滞销，就要设法在保本期内将其销售处理出去。若商品储存早已超过了保本期，则尽早处理，早处理一天，则可减少一天的变动费用支出。

3. 储存

储存部门通过保本保利期管理，调查库存结构，促进商品库存的良性循环。其主要任务是，在商品保管账上记录商品的进货时间和保本保利期天数及各自的截止日期，使仓库保管员在管理上做到心中有数。对即将超过保利期限的商品要标注明显标志，并提前向销售部门做出预报；对即将超过保本期或已经超过保本期的商品要及时督促销售部门进行处理。

三、商品品质验收程序与库存结构管理

库存数量管理的核心主要以商品保持正常销售又不形成积压为原则，因此商品数量的管理应以杜绝断货为目标，确保商品库存量安全。

（一）超市商品品质验收程序

超市的经营业务是围绕着商品这个核心而展开的，商品的品质检验也就成为超市工作的一项重要任务。一般而言，商品品质验收的程序包括以下几个步骤：检查供货商的证件及证明；检查商品的外观；核对进货单与送货的内容；依商品标示规定检查商品情况；对合格商品验收入库或上架。

1. 检查供货商证件及证明

超市在进行商品验收时，必须要求对方把企业的相关资料准备齐全，包括：

（1）已盖公章的报价表。

（2）已盖公章的企业营业执照复印件（已通过当年年检）。

（3）已盖公章的企业税务登记证复印件（已通过当年年检）。

（4）开户行、开户账号、税号、企业地址、企业电话、联系人、传真、

邮编。

（5）商标注册证。

（6）特殊行业必备资料，如食品行业的食品生产许可证、食品生产企业合格证、食品卫生许可证、食品新产品批准证书、销售地当地的卫生防疫检测报告等；药字号保健品供应商的药品生产企业许可证、药品生产企业合格证等。

2. 商品外观检查

商品包装的外观必须整齐，无渗漏、无污物等。如食品必须密封包装，且不得用金属或橡胶带密封。冷冻食品或冷藏食品应检查其包装是否用订书钉或其他金属密封，或用橡胶带捆绑。如有上述情形应拒收。另外，如有破损的包装，因其品质较易发生变异，也应拒收。而罐头食品遇有凹凸罐、变形、油渍的情形也应予以拒收。

3. 核对进货单与送货的内容

为防止供应商鱼目混珠，验收人员一定要详细检查进货商品的品名、规格、数量、重量与进货单是否相符。

4. 依商品标示进行查验

各种商品的标示均不相同，这里以食品的标示进行说明。《食品卫生管理法》所称的标示，是指标示于食品、食品添加物或食品洗洁剂的容量、包装或说明书上的品名、说明文字或记号。其标示的事项应包括：

（1）有容器或包装的食品、食品添加物和食品洗洁剂，应在容器或包装上用中文及通用符号显著标示事项如下：

1）品名。食品应使用国家标准所定的名称，无国家标准者可自定名称。食品添加物应依主管机关规定的名称来标示。依上项规定自定品名者，其名称应与主要原料有关。

2）内含物名称及重量、容量或数量。若为两种以上混合物时，应分别标明：

①以公制标示重量、容量。

②液汁与固体混合者，分别标明内容量及固体量。

③内含物含量得视食品性质分别注明为最低、最高或最低与最高含量。

3）食品添加物名称。食品添加物名称须依《食品添加物使用范围及用量标准》上的名称来标示。

4）制造厂商名称、地址。进口品应加注进口厂商的名称与地址。

5）制造日期。经主管机关公告指定须标示保存期限或保存条件者，应一并标示。《食品卫生管理法施行细则》规定，制造日期应按依习惯能辨明的方式标明年、月、日。

6）其他经主管机关公告指定的标示事项。

（2）对于食品、食品添加物或食品洗洁剂的标示，不能虚夸或者使人误认为有医药的效能。

（3）国内制造者，其标示如兼用外文时，其字样不得大于中文。

（4）由国外进口者，由进口单位在销售前依规定加中文标示。

（5）经改装分装者，应标示改装者或分装者的名称及地址。

（6）食品、食品添加物或食品洗洁剂经各级主管机关抽样检验者，不得以其检验的结果作为标示、宣传或广告。

（7）对于食品、食品添加物或食品洗洁剂，不得借大众传播工具或他人名义，播载虚假、夸大、捏造事实或易生误解的宣传或广告。

5. 验收入库或上架

符合上面的规定就应检验商品的品质，达到标准后，验收人员才可在进货单上签单，并在进货簿（表）上填列进货登记，其进货簿上须列有厂商编号、商品名称、数量、规格、销售金额、发票号码及进货单号码。商品经验收人员核对后，送货员再将商品送至卖场或仓库，由营业员或仓管员复检，这时整个验收手续才算完成。送货人员离开超市前，验收人员还要再检查送货人员的物品，以避免夹带事情的发生。

（二）库存结构管理

1. 库存结构

库存结构主要是指商品在品类、品牌、品种方面的管理。品类结构的构成必须由多品种、多功能来形成合力，商品库存合理，门店所经营商品就会有很强的吸引力。商品品种结构是商品吸引力的重要体现。在市场环境不断变化的情况下，门店应根据商品销售对商品现有品种进行合理调整，通过不断淘汰不适销商品，引进适销商品来增强门店的吸引力，形成自己的核心竞争力。

在仓库、货架和资金有限的前提下，必须对商品品牌、品种、花色合理安排，才能丰富商品，实现更大的效益。商品库存结构管理的最常用方法是 ABC 管理法。

2. 商品品类结构

商品品类结构主要根据商品基本属性来安排库存结构，通常应在经营大类确定的前提下，在同一大类内部安排好中类与小类的库存配置，做好商品选择。一般情况下，必须对目标性品类商品进行重点安排，确保销售贡献与库存准备同步增长。如个人护理品类这个大类中，头发护理品类是中类，而中类中的小类又分为洗发、染发、定型、护发 4 个基本小类，在这 4 个小类中，洗发类商品是成熟且销量大的品类，在库存安排方面，洗发品类必须成为资源重点分配的品类。

3. 商品品牌结构

商品品牌市场定位不同，目标消费群体不同。品牌分高、中、低三档，因此，根据不同的需求在选择品牌时，必须注意品牌整体档次的安排。在同一品类内部，将商品按不同档次的品牌进行搭配，才能增加顾客购买商品的选择性，实现库存资金合理分配。品牌档次合理搭配会促进各品牌销售；同一品类中近80% 的品牌不能实现良好的销售，则说明品牌选择方面与市场目标不一致，存在盲目引进。

4. 商品品种结构

商品的多样性突出表现为品种多样性。品种多样性可通过商品档次、花色、款式、规格、品位等基本属性来描述。在同一品牌内部，各品种之间也应有价格档次差异，在供应商所供商品的范围内，尽量选出合适的商品。在日常经营中，不同的商品品类又有不同的关注点。如衣着类商品以款式、花色、规格来划分不同品种，所以根据商品不同属性来安排不同的品种结构，是库存管理中非常重要的一环。品种安排好，销售才能有保证。

品种定额管理是根据商场有效经营面积下达分品类的品种定额计划，可有效控制品种的盲目引进。品种管理结合了门店确定的商品组合，避免了基层员工通过减少经营品种来降低断货率的做法。

淘汰旧品可给新品提供充足的货架资源及管理资源。与之引进相适应，引进品种数至少与淘汰品种数相同，这种一对一的做法使节约的资源得到有效利用，形成销售优势。

四、建立库存指标考核体系

作为管理体系的重要构成要素，考核指标体系为库存管理提供了强有力的保障。根据管理要求确定的库存管理指标主要由库存商品的经营现状、原定目标、目标与实际运行效果之间的变化率等主要指标构成，成为库存管理的强制指标有：

（一）总体库存运行质量指标

（1）库存周转天数 = 360 ÷ 库存周转次数。

库存周转次数＝销售额÷平均库存。

（2）库存天数＝库存金额÷日平均销售额×100%库存金额。

（3）库存品种数（SKU 数）：考核期内有库存的品种数。

（4）总商品品种数。考核期内确定必须经营的品种数。

（二）库存期限管理指标

（1）滞销品比率＝X 天内无销售的商品品种数÷总商品品种数×100%。

（2）超期库存比率＝X 天内未销售完的商品金额÷库存总金额×100%。

（3）保质期指标。货架商品剩余保质期长度不得低于保质期长度的1/3。

（4）库存记录准确率＝库存记录准确的商品数÷总盘点商品数×100%。

（三）库存数据管理指标

（1）断货比率＝断货品种数÷总商品品种数×100%。

（2）畅销品断货比率＝销售前 N 个断货品种÷总商品品种数×100%。

（3）低库存品种比率＝库存天数低于 M 天的品种数÷总商品品种数×100%。

（4）高库存品种比率＝库存天数超过 X 天的品种数÷总商品品种数×100%。

（5）负库存品种比率＝库存金额为负数的品种数÷总商品品种数×100%。

（四）库存结构管理指标

（1）动销率（商品出勤率）＝有销售的商品数÷总商品数×100%。

（2）销售同比增长率＝（本期销售额÷同期销售额－1）×100%。

（3）毛利存货周转比率＝毛利率×库存周转比率。

五、搭建库存管理支持平台

（一）供应商管理

通过库存管理，商品周转率过低的商品应与供应商协商退换，如一个供应商整体商品周转率过低，必须考虑淘汰供应商。商品周转率高的供应商应列为重点供应商，在商品陈列及资金支付上优先安排。

（二）基础数据管理

库存管理数据准确，才能对所有基于数据的判断有意义。因此基于系统的基础数据必须从系统性的角度进行管理，所有与数据相关的上下工作环节要建立一种相互校验的工作关系，层层有人审核，层层有校准，这种方法的贯彻实施可确保库存数据准确。

（三）周期性盘点

经过盘点，对商品实际存量确认后，应对照实际库存对信息系统的库存进行修正，以达到一致性的要求。周期性地开展盘点工作，有利于及时发现商品库存存在的问题，这种循环的工作为库存分析与管理提供了最直接的支持。

（四）不断优化商业信息系统

信息系统应随库存管理的要求，不断优化数据结构与分析系统，大量的分析统计工作必须依靠信息系统来完成，因此，随着库存管理的不断深入，企业应不断优化系统并多角度为库存管理提供有效数据。

（五）深入开展与供应商的战略合作

库存管理只有与供应商合作管理才能真正达到降低库存量、提高周转的目的。从供应链和战略合作的角度，供应链参与双方共同努力，降低整个供应链的库存，不仅对单个商业企业有益，更对供应商有益。

第二节　超市商品库存控制

一、如何加强库存控制

库存控制是零售企业的核心技术之一。与外资零售企业相比，不少国内零售企业库存管理水平低，突出表现为：畅销商品断货、滞销商品长期积压、库存记录不准、库存量不安全、库存周转率差等问题。传统零售企业在商品引进时不注意与自身商品经营相结合，没有按品类统一规划适合企业经营的商品组合，并对这些商品组合进行有效的陈列、淘汰更新、促销及补货。零售企业不从根本上解决零售商被动接受供应商商品现状，就很难避免供货渠道雷同、"千店一面"的局面。

在主力商品品类定位与经营方面，外资零售商业经营效果明显优于国内商业。因此，优化库存控制手段与方法，有针对性地建立库存管理体系，是加强库存控制、提高商品周转率的有效手段。

（一）期限、数量和结构是库存控制的关键

（1）商品库存期限的长短，直接影响商品周转速度。库存期限过长，商品周转速度就慢，反之则快。通过实施滞销商品、超期库存商品及商品保质期限管

理，可有效提高商品周转速度，降低商品资金占用。

（2）滞销品管理。正常销售情况下，滞销商品是指那些已经入库但在一定时期内未实现销售的商品。这些商品一般情况下以新品居多，但也有因市场变化进入淘汰期的，导致一定时期内没有销售的旧商品。超市的商品品类多，通过跟踪商品进店后的销售情况，可有效区分商品是否存在滞销情况，因此控制一定期限内未销售的商品库存，并分析对策才能解决好这类问题。

（3）以生鲜、食品、日用百货为主的商品库存要求高周转、速度快，这类商品进入商店后，两周内必须实现销售，如经过跟踪，两周内不能实现销售的，必须采取措施，改变陈列或加大促销措施。服饰家电类商品花色品种多，确定时间为一个月，一个月内单品种必须实现销售，如一个月内仍未实现销售的，必须与供应商协调调换新品，或加大促销措施。

（4）对于被市场淘汰的商品，从历史销售数量看，经历一个销售从高到低的过程，这种商品两周内未销售的，可采取退换货、降价促销等措施进行处理。

（5）对于季节性商品，会因商品季节过渡而出现季末销售数量不定的情况，这些商品应及时与供应商办理退货，并确保换季新商品及时上柜销售。

（二）保质期管理

商品保质期管理的关键是商品周转过程各环节必须严格遵循先进先出原则。所有与商品接触的各环节员工必须遵守保质期管理的要求，规范操作，才能达到勤进快销、高周转的要求。收货时，所有非生鲜类商品的保质期必须执行最短保质期限制的工作原则，确保商品有足够的销售时间。柜组补货时，必须遵循先进先出原则，并逐一检查商品保质期是否符合要求。

临近商品保质期的商品，要进行登记，与供应商进行协调退货或换货。如果不能退货，必须在商品能完全使用或食用前的一段时间内，进行降价处理。这种商品在销售完毕前，可采取控制订货的措施，销售完毕后，可取消订货。

（三）超期库存管理

造成商品库存期限超过规定期限的原因很多，就商品而言，销售期过长的商品主要有滞销积压的商品、过季商品、淘汰品项的剩余商品、家电商品的样品、包装破损质量完好的商品、有一定质量瑕疵但不影响使用价值的商品等。这些商品在处理方法上，必须分为强化促销、退换货处理、清仓降价处理等。当现有商品为正常商品，而库存量小于周平均销量的，可采取强化促销的方法；如商品符合与供应商商定的退换货条件，或商品确定为质量问题的，必须退给供应商；对存货量过大的商品，可与供应商协商换货。无法退换的商品必须进行清仓处理。

否则，随着库存时间的延长，商品使用价值会减少，会导致门店财产损失。所有列入超期库存的商品，在订货时，必须采取限制措施；无法调换，形成损失的商品应作为淘汰品项，不再经营。

（四）库存数量管理

库存数量管理的核心主要以商品保持正常销售又不形成积压为原则，因此商品数量的管理应以杜绝断货为目标，确保商品库存量安全。

通过对库存数量在商场的不同量级，区分为零库存、负库存、高库存、低库存四大类。对四大类库存采取相应措施，可以保证商品不断货，又能确保库存占用合理，不形成积压，避免出现更多的管理资源浪费。

1. 零库存

商品库存为零时，就是断货，门店已无商品可供销售。这种情况在商品经营中必须下大力气解决。往往有断货现象发生的，都是畅销商品，是公司商品经营的目标性品类，代表公司的经营形象。重要商品的断货会直接导致销售业绩下降，顾客对商场的信任度降低，商店在形象受损的同时，货架空间也严重浪费。

在实际营运中，造成库存为零的原因从销售的角度看是库存不足以满足销售，从供货角度看是订货不足、漏订货、供应商缺货不能提供等原因。为最大限度避免出现断货，可通过加强订货审核、建立缺货标签、重点商品追货，或可采用替代品进行货源补充，以减少断货带来的损失。

2. 低库存

低库存是库存量小于订货周期内平均销售量的库存，这部分库存如不及时补充订货，直接面临断货的可能，是潜在的断货。

商品处于低库存状态时，必须定期跟踪处理。对低库存商品要区别对待，正常商品库存处于低库存状态的可通过清单列示商品目录，提前准备订货，确保库存商品保证下次订货到位之前的正常销售；季节性及淘汰商品的低库存商品必须加快处理，避免因库存削价形成损失。这种日常工作，在有效加强库存储备的同时，大大减少了库存量，商品资金占用下降明显。

3. 高库存

高库存是库存量远远大于月或旬平均销量的库存。控制这种库存的目标在于，限制库存资金占用，节约库存空间及货架资源，降低库存商品维护和整理费用，达到高周转的目的。同时，通过对高库存分析，有效监督商品采购人员在采购过程中的"黑洞"问题。

控制高库存的主要措施是按销售量与库存量比较进行排查，将库存量过高的商品列出清单，跟踪订货人员与柜组人员，分析造成库存过大的原因。通常的原因有商品促销订货量大于实际销售量形成库存过大，商品重复订货、商品过季等原因导致库存过大。通过与供应商协商退货、降价促销、调整商品陈列位置等方法均可以达到降低库存、加快周转的目的。

4. 负库存

负库存是零库存的一种特殊形式，负库存的主要原因是库存记录不准，库存入账不能及时处理等。负库存的存在直接从金额上抵消正常商品的库存，导致库存金额不准，进而影响库存订货，致使库存订货不足或不准。

针对负库存的出现，超市可采取以下措施：库存管理部门跟进库存入账流程，确保到店单据及时入账，重新确定特殊商品入账原则等。因商品条码原因导致销售记录不准也会形成负库存。通过强化商品条码检验工作，加强商品收货时的条码检验，或在卖场对货架商品进行检验，把负库存形成的影响降至最低。

二、库存管理、调整

要想合理控制库存，一定要注意以下几点：

（一）订货时要坚决杜绝漏订现象

有的商品电脑库存很高，但实际排面已经缺货。所以主管每天巡视排面时要随时对排面不丰满商品做记录，并及时和订货员沟通。管理人员在安排订货的同时要对这些虚库存进行盘点，做库存调整，确保实际库存和电脑库存一致。

（二）订货员订货时要看商品进销存单存量是否过期

订货员订货时要看商品进销存单和在单量以及原来订单是否过期。有的商品显示有在单量，但订单已是多年前的了，要对过期订单及时进行删除。并对已经有有效订单的商品进行催货，避免重复订货。

（三）订货时还要检查库存过高商品是否滞销

订货时还要检查库存过高商品，订货员与主管沟通，盘点核对滞销商品的库存，提醒管理人员及时处理高库存。

（四）DM 促销商品要控制订货

每期 DM 促销快结束时，要提前两三天控制订货，考虑退货。很多商品做促销的时候价格很低，而且都放在黄金位置，所以销量火爆。但是一般促销结束价格回升，并且撤离到普通货架，几乎没什么销量。所以 DM 促销快结束前要严格控制订货，不然很容易造成库存积压。对于那些做了促销但不好卖的商品，可与采购联系继续低价促销或者和厂家联系退货。

（五）控制过季商品

对于过季商品，根据季节控制订货量，或者和厂家保持联系，如果厂家因为生产计划过高导致库存积压，而且厂家也愿意甩卖处理的，双方可以协商在季节交替的时候搞大型促销。

（六）每天及时整理仓库破损商品

每天管理中都要督促员工整理仓库，把破包、残次品整理堆放在特定区域，填写好退货单。写好的退单及时交领导审核退货，坚决防止退货不及时的现象发生。

（七）每天都要整理仓库

每天都要整理仓库，仓库摆放要整齐，同类商品放一起，遵从上轻下重的原则。畅销商品库存周转快，要尽量放在外面。保持仓库货架、地面的整洁。

（八）仓库要装监控器

仓库适当方位要装上监控器，每天都要由一名防损人员在仓库看管。

（九）仓储要核验商品

仓库、卖场人员验货时要认真核对数量、品名、条码、保质期。

（十）收、验货要认真仔细

收货、验货的时候一定要认真仔细，赠品的验收一定要确保数量，特别是捆绑的赠品，如果数量缺少，员工捆绑时很容易把在销售商品当作赠品捆绑掉，给公司造成损耗。验货员对于以下商品一定要拒收：多送、错送商品，订单上根本没有的商品，如果不拒收会增加不必要的库存，给后期管理工作带来不必要的麻烦；保质期超过临界保质期；进口商品没有相关证书；生鲜商品通过农药测试等不合格；蔬菜、水果等明显腐烂不新鲜；外包装损坏、变形商品；供应商重复送货等。

直配的供应商出现以上情况可以直接拒收，对于统配的送货差异，建议把有差异的商品，每次验完货后集中放在仓库特定区域，等下次送货时让司机清点带走。

（十一）确保每天对商品进行清理

门店管理人员要每天对商品进行清理，对零库存商品、长期无销售商品进行查询，上报采购。采购要及时与该商品供应商联系，把可以删除的商品从系统中删除掉，这样更有利于门店人员进行管理工作。

（十二）对库存管理不可缺少库存调整

卖场商品品种成千上万，最容易出现负库存和虚库存。所以管理人员每天都要对部分商品进行不断的盘点，并随时做库存调整。如果验货、收银流程严格规范的话，所有出现的负库存肯定有问题，进行库存调整时要查明原因，但是为了确保商品电脑库存和实际库存一致，必须做库存调整。所以做库存调整有一条非常重要的原则，损耗单和溢余单必须同时做，并且每天所做的两个单据的总金额可以互相抵消，这样就保证了所有商品总的库存金额不变。如果只是单向地调整负库存，那么等到盘点的时候形成的虚库存无法冲账，就会产生巨大的损耗。负库存从表面意义上来说是多出来的商品，当然这是不可能的（除非供应商补损或者赠品在销售）。而虚库存只有等到盘点的时候才能真相大白。为了抵消虚库存，平时做库存调整的时候就要把负库存转移到同一供应商或同类价格差不多的有库存的商品上。

总之，卖场管理中库存管理是关键。如果库存混乱，所有报表都没有意义，订货就没有依据。所以所有卖场都会定期盘点，一般盘点结束后，所有的负库存都会清零。盘点不仅是对前段时间的工作考核，也是规范商品库存，为以后工作的开展铺平道路。

三、库存卡使用步骤与注意事项

（一）库存卡使用步骤

（1）每月。月初翻开库存卡，将上月总销售量誊在本月第一格，计算第一次收货量。

（2）每次进货。收货时再填入所收到的数量。

（3）每次订货。盘存（仓库＋卖场）计算销售量计算订货量。

（二）库存卡使用相关注意事项

1. 营运主管在填写订购单时的注意事项

（1）营业员所订数量太多或太少。

（2）是否有促销或季节性销售特别旺盛。

（3）特殊假日。

（4）连续假日。

（5）企事业单位特殊福利发放。

（6）季节性商品末期。

（7）准备淘汰。

（8）销售反应持续上扬。

（9）同类型商品促销会影响其他销售。

（10）厂商的商品是否可退货及票期状况。

2. 库存卡功用

（1）让营业员利用库存卡的盘点了解每个单品销售状况及厂商送货。

（2）了解每个单品库存状况（货场＋仓库）。

（3）正确的销售记录有助于库存掌握避免重复叫货或商品消失。

（4）人工作业可随时修正不正确的资料。

（5）有效监督订货及厂商送货最简便方式。

（三）库存卡分配

1. 部门主管可依照下列任何一个标准做分配，依各业种需要

（1）货架区域。

（2）厂商。

（3）商品分类。

2. 将所有商品依照上述三个方式任何一个方式，进行库存卡分配

（1）将所有商品分配至每一个营业员。

（2）每个营业员将手中厂商分配，从星期一至星期六分配完毕。

（3）如果一个厂商同时在三个营业员手中登记，则三个营业员必须在同一天盘点下订单，部门主管汇总。

四、超市动态库存区管理方法

库存管理不能仅依赖保守的管理方法，必须导入革新的理念。库存应该流动，不应只放在仓库里，要从静态库存的管理转向动态库存的管理。

（一）动态库存区的管理原则

1. 对应原则

商品的库存存放与商品的陈列原则上要相互对应，即某一货架的商品库存应存放在该商品陈列位置的附近。如货架上方的库存区。

2. 分类原则

商品库存的存放符合商品分类的原则，与商品陈列的分类原则相同。

3. 唯一原则

商品库存的区域原则上维持唯一区域的原则或某一小范围内唯一区域的原则。

4. 标志原则

商品库存区的所有库存都必须有明确的标志，包括品名、数量等重要内容。

5. 安全原则

商品库存的存放必须符合安全原则。如堆放的高度和稳定性等。

6. 调整原则

商品库存区的各种商品库存是不断变化的，必须定时进行调整，以充分利用空间，维持统一的库存管理原则和方法。

（二）动态库存区的调整

1. 调整原因

（1）超市的库存区是动态的、变化的，不是静止的，必须依实际不断调整。

（2）店面布局及货架上排列与商品不能一一对应。

（3）库存区域有限，为充分利用好有限的库存空间。

（4）便于进行如补货、订货、库存盘点等各项作业。

（5）维护系统库存的准确性。

（6）发现滞销品项及孤品、库存量少者，减少损耗，便于控制管理。

2. 调整方法

（1）将货物数量不足的两板或几板货并在一起。

（2）将大小组类的或相关货物归类码放。

（3）各商品各大组的库存采取终始点界线分隔。

（4）补货频率高的商品优先放在低位库存区。

（5）商品体积大的优先放在高层库存区，商品品项较多的类别优先放在低位库存区，零星商品放在库存处面。

（6）部门之间的调整由店面主管提出计划，店面经理批准，即可执行。店面经理监督调整目标是否实现。

（7）整个店内调整由店面主管提出调整计划，店面经理审核，店长批准后，组织人力、叉车进行调整，店面经理负责调整目标的达成。

（三）动态库存区的标准

1. 货架库存区的标准

（1）充分利用库存空间，最大限度地减小空间压力。

（2）商品外箱要有库存单，各项内容齐全，外箱有库存单的一面朝外。

（3）商品库存与商品陈列位置原则上做到一一对应，库存布局与卖场布局要相对应。

（4）库存分类码放，单品库存尽量采用先纵后横的码放方式。

（5）商品库存设置要便于补货等营运操作。

（6）商品码放不能超高、超重，受力要均匀，充分考虑安全系数问题。

（7）所有库存区的纸箱要封箱、封底。

（8）严格遵守安全码放原则，高货架上的库存商品，须有缠绕膜固定。

（9）高货架上的库存商品的码放采用交叉码放原则，并全部码放在卡板内。

（10）高货架上的商品在卡板上码放不许超过1.6米高。

2. 后仓库存区的标准

（1）库存分类码放，单品库存尽量采用先纵后横的码放方式。

（2）商品外箱要有库存单，各项内容齐全，外箱有库存单的一面朝外。

（3）商品库存设置要便于补货等营运操作。

（4）所有库存区的纸箱要封箱、封底。

（5）易燃性商品要单独在特别区域存放。

（6）库存码放的重要准则是安全，要确保商品不掉下来。

（7）货物不能在货架上超高度码放（具体高度根据具体情况决定），要考虑承重和受力，适当进行货架分层。

（8）商品离灯源必须保持消防规定的距离（50厘米以上），同时不能阻碍消防喷头和其他一些电子设施。

（9）库存商品不能放在地上，必须存放在货架或卡板上。

（10）库存区内必须留有通道，保证商品进出通畅。

（11）不能占用库存区消防器材的位置存放商品。

（12）特殊商品、贵重商品的库存区必须有上锁的门，并由专人管理。

3. 周转仓的标准

（1）周转仓不得存放任何生鲜类食品，无论是收货、退货，所有生鲜类食品一律在楼面进行存放。

（2）周转仓只在规定的区域内存放大家电商品或单品及大量的特价商品。除退货外，收货部门原则上不能让任何属于超市正常销售的商品在周转仓存放时间超过24小时。

（3）食品与百货的存放区域分开。

（4）周转仓存放的商品必须分类存放，只能在货架上、卡板上，不能直接放在地面上。优先放在货架上的二层以上，并采取有效的安全措施。

（5）周转仓存放的所有商品都必须有明确的标志。同一栈板尽量码放一种商品，两种以上的商品采取纵向码放方式。

（6）周转仓存放的商品不得超高。

（7）周转仓存放的商品符合消防标准。

（8）周转仓要留有叉车通道，保证货物进出顺畅。

五、库存状态分析控制

（一）几种状态的库存分析

（1）采购对于自己业种的商品，必须注意其库存控制，任何一项的库存都有其原因，采购必须仔细分析高库存的形成原因。

（2）理想库存。理想库存是高销售和低的库存量，何谓低的库存量，就是没有滞销或多的库存，一切库存都会在标准的周转天数内销售完毕。

（3）采购如何分析控制库存过高。

1）由周转天数上得知周转天数如何。

2）由经验判断。采购至货场巡视发现异常库存，进行追踪处理。

3）由电脑报表中得知。

4）避免部分商品周转量大，周转天数降低疏忽对于滞销品的处理。

5）与营运经理研究库存卡的订货状况。

6）月底盘点前发现过多库存应与营运经理研究退货运作，大幅降低库存。

7）库存过高，有很大比例是从促销留下来的品项，采购应与厂商联系促销结束后的退货事宜。

8）采购应该了解是否因售价过高造成滞销而导致库存过高。

9）采购在下特别订单（厂商的一次性商品）时，除价格便宜外还要注意商品品质、式样是否过时、维修保障、市面上是否有同样商品流出而售价更低等。

特别注意订单是一次性的大单，采购必须慎重考虑，以免成为下一批的滞销库存。

（二）找出门店的负库存

计算机的应用在超市门店中已经很普遍，然而门店的后台电脑中经常会发生一种事情令人非常的头疼，那就是负库存。有人会问：为什么电脑的库存会是负的？传统商业的这一现象好像很少，为什么在超市这一行业中却是见怪不怪呢？这主要是由于超市的一些特殊的情况而产生的。发生这种现象的原因有以下几方面：

（1）应当粘贴店内条码的商品（原商品发生重码或要区分原商品的促销商

品）没有贴，就推到卖场中进行销售，导致前台的 POS 收款机按照正常商品的原条形码售出，发生原条码的商品档案商品成为负库存，而店内码的商品未销售的现象出现。避免此类事情发生的措施如下：

1）在收货时，发现应贴店内码的商品就必须在收货前贴好条码后，验收商品收货进店。

2）对于门店自采的商品可以在配送中心出库前就贴好，不贴条码不能出库。

3）或在进收货部前另设置贴码区，并在商品上明示需要贴码，完成后方能进场。

（2）应当捆绑或批量销售的商品，被当作拆零销售。一般这种现象的发生往往会在收款时及时发现，因为其价格差比较大。如 3 盒牛奶 5 元，被前台看成每盒 5 元，而扫描了 3 次，那样的价格一下往往就能看出；还有就是捆绑销售的商品，如买奶粉送奶瓶，而奶粉和奶瓶都是店内的商品，前台将奶粉和奶瓶当两个商品扫码，也就会发生奶瓶的负库存。对于此类事件的解决措施是：

1）在每天早上收银员熟悉商品时间段，应当加强观察此类商品，以减少此类事情的发生概率。

2）各个商品部门应当在此类商品上架前，及时通知门店的收银员，以便减少错误。

3）对于捆绑销售的商品实行单独贴店内码销售的方式，从而解决这个问题。

4）对于紧急促销，没有时间贴店内码的商品，也可从暂时修改门店的商品库存中，停止其中一种商品的销售，也可避免此类事情的发生。

（3）无订单收货。这一现象是因为门店在收货后没有收到订单，从而导致门店先上架销售，而后台没有入账的现象。要想解决这个问题就只有由采购部及时地补商品订单，使门店的商品库存更加准确。另外有一个特例：有些独立于总部的外地门店拥有独立采购的能力，同时还接受总部配送的商品，对于这一类商品的接受属于无订单收货的一种，需要及时补单处理。

（4）由于收货部的收货错误，将商品实收数量填错，导致门店库存虚增，也会影响门店的正常库存。对于这种问题的解决方法如下：

1）在收货时，加强对于收货员收货的二次验收的管理，杜绝此类事件的发生。

2）订货下订单时，需要参考营业现场的信息反馈和后台的电脑库存门店的两方面结果，以避免重复要货或长期断货的现象发生。

（5）条形码粘贴不合格，漏贴或掉码的现象发生从而导致收款台的扫码的错误，造成门店库存不准的现象发生。

（6）收银台扫码错误或手输条码时发生错误，也会将商品错误地售出，有时会因为条码扫描器的识别错误或者商品包装的条码不规范，而使款台的收款错误。

（7）返厂单的数量填写不正确，在商品退回厂家或库房时，数量填写错误，进而影响到商品的库存准确性。

（8）计算机没有及时调入修正数据，对于一些商品需要的库存调整，没有及时录入，也会发生此类事件。

（9）计算机中心的日结不成功，由于计算机的系统故障，当日结转商品的销售情况出错，也会发生此种现象。

（10）因为顾客服务部退换货的错误导致库存不正确。由于顾客服务部对于商品不是很熟悉，将退换的商品错退或错换，就必然会影响到商品库存的准确性。所以，一般的退换货商品须经各个商品的部门经理签字认可无误后，才能予以退换。

（11）其他原因。顾客图小利，调换价格不同的商品外包装，就会使价格高的商品的库存虚增，而价格低的商品的电脑库存减少。

一旦发生负库存的现象，对于门店的日常经营管理会带来极大的障碍。其中的现象包括：

1）使门店的要货订单发生偏差，致使商品的订单不准确。

2）对于计算门店的经营指标，会产生一定的偏差。

3）使门店的日常经营分析不准确。

所以在日常的管理经营中要注意这些方面，防患于未然，使后台电脑起到真正的作用。

（三）采购和营运的责任归属

1. 缺货

（1）如因订货太慢，预估错误，责任属营运部。

（2）厂商缺货，品质不良，责任属采购部。

（3）厂商送货，瑕疵品太高造成拒收，责任属采购部。

（4）促销采购预估量太低，导致缺货，责任属采购部。

2. 库存过高

（1）第一次单及特别促销遗留的库存，责任属采购部。

（2）促销单以致库存正常商品库存过高，责任属营运部。

（3）促销品项预估与实际销售差太多以致库存过高，责任属采购部。

（4）库存过高采购部有责任协助货场各降价出售，不推诿。

3. 滞销商品

滞销商品责任为采购部，采购部必须随时注意商品销售状况，货场有责任提供正确滞销商品给采购部。

4. 多余货架

由两个营运部长分别放置各自仓库进行管理。

5. 运转天数

由采购部营运部一起负责。

6. 业绩

由采购部、营运部一起负责。

7. 销售毛利

责任属采购部。

8. 损耗

责任属营运部。